主动发光交通标志
研究与应用文集

刘 干 孙建林 孙家骏 姜 明 任明星 等 著

人民交通出版社股份有限公司
China Communications Press Co.,Ltd.

内 容 提 要

本书在调研国外交通标志研究与应用的基础上,结合我国的道路交通实际,对主动发光交通标志开展了研究,主要内容包括国际调研情况、主动发光交通标志的视认性、经济性研究,主动发光交通标志与反光模型交通标志的对比分析,主动发光交通标志的应用性能研究等。

本书可供交通管理、交通工程技术人员工作参考使用,亦可供高等院校相关专业研究生教学参考拓展借鉴。

图书在版编目(CIP)数据

主动发光交通标志研究与应用文集 / 刘干等著. — 北京：人民交通出版社股份有限公司,2019.1
ISBN 978-7-114-15334-1

Ⅰ. ①主… Ⅱ. ①刘… Ⅲ. ①公路标志—研究 Ⅳ. ①U491.5

中国版本图书馆 CIP 数据核字(2019)第 008819 号

书　　名：	主动发光交通标志研究与应用文集
著 作 者：	刘　干　孙建林　孙家骏　姜　明　任明星　等
责任编辑：	刘永超　张　淼
责任校对：	刘　芹
责任印制：	张　凯
出版发行：	人民交通出版社股份有限公司
地　　址：	(100011)北京市朝阳区安定门外外馆斜街3号
网　　址：	http://www.ccpress.com.cn
销售电话：	(010)59757973
总 经 销：	人民交通出版社股份有限公司发行部
经　　销：	各地新华书店
印　　刷：	北京鑫正大印刷有限公司
开　　本：	720×960　1/16
印　　张：	13.25
字　　数：	230 千
版　　次：	2019 年 1 月　第 1 版
印　　次：	2019 年 1 月　第 1 次印刷
书　　号：	ISBN 978-7-114-15334-1
定　　价：	76.00 元

(有印刷、装订质量问题的图书由本公司负责调换)

序
―― PREFACE ――

人的认知能力总是有限的。

就像人在路上走，车在路上行，人车路都在自然环境中，看似简单的交通出行，却有很多的出行者把生命永远地留在了路上。

就像我为之努力的一块交通标志牌，需要我反复地告诉与公司各种不同合作关系的伙伴，为什么要让它主动发光，为什么它不能如同一盏亮着的灯，为什么它能够预防交通事故，为什么推广应用它的过程异常艰难，为什么看似简单而强大的机遇留给了我，太多的为什么，需要我去解释。

无能为力的时候，我想过放弃。不能放弃的时候，我只能学习和寻求帮助、寻求合作研究。

荷兰、德国、法国、瑞士、美国、韩国、日本、澳大利亚，在交通安全管理水平领先的国家的道路上，我分明是迎着那些打着灯光的交通标志看到了出行者的需求和研究者希望，可是全世界一个个专业的道路交通安全研究机构却告诉我，交通标志视认技术的研究被停留在了反光膜。难道有魔鬼在控制着人们，交通标志不需要提高视认性能，不需要被出行者们在全天候环境中识别，不需要创新？我在《中华人民共和国道路交通安全法》第二十五条中找到了答案"交通信号灯、交通标志、交通标线的设置应当符合道路交通安全、畅通的要求和国家标准，并保持清晰、醒目、准确、完好。"

当下的中国，有学者们估测道路交通事故导致的每年经济缺失超过一万亿元，对社会的危害猛如虎也。应当认知到，降事故，就是要降风险，用有限的资金去做能够最大程度降低风险的事情。

还应当认识到,在道路交通安全工程中,"标志标线管交通"是王道、是主动预防,其次是用信号灯管理大交通流量下的安全秩序,再者是用隔离、防撞等设施减轻事故伤害。

主动发光交通标志,不是亮灯的交通标志,人的眼睛不可以直视亮灯,它是把交通信息显示给出行者,是正确的方向的高清指引。

是主动发光交通标志的研究和应用推广,把我和我的创业创新团队带进了道路交通安全研究,促使我2016了出版了《交通安全新认知——一个交通创客的思考》,促使我们获得了数十项知识产权成果,获得了两项省部级科学技术三等奖,获得了企业经营与科研工作的持续生命力。

值本书稿提交之际,我的愿望"让交通标志接上电、发出光、连上网"已经实现,我全新提出的"智慧标志标线管交通"正如火如荼、方兴未艾。有了标志标线的可视化、智慧化,道路交通安全事业就有了新希望、新高度。

这本书的出版,要感谢共同研究、撰文的专家们,感谢所有帮助南京赛康交通安全科技股份有限公司的社会各界,感谢对交通安全事业支持、对出行生命关爱的朋友们。

刘 干

2018 年 9 月

交通标志分类

《道路交通标志和标线 第2部分:交通标志》(GB 5768.2—2009)将道路交通标志按照光学性能分为逆反射式、发光式、照明式(内部照明和外部照明),现进一步分类解释如下:

Ⅰ类,逆反射标志,采用定向回归逆反射材料(反光膜)制作板面,低能见度或夜间借助车辆灯光等外部照射光源识别标志信息。材料执行标准:GB/T 18833—2012《道路交通反光膜》。

Ⅱ类,照明标志,在交通标志的外部或内部增加照明灯具及其结构装置,弥补交通标志自身材料在低能见度或夜间的视认性不足。又分为外部照明标志和内部照明标志(工艺可分别参照外打灯广告牌、灯箱广告牌)。内部照明标志执行标准《内部照明标志》(JT/T 750—2008),外部照明标志没有相关标准。

Ⅲ类,主动发光标志,采用LED光源和逆反射材料制作板面,标志自身的光源能够满足全天候环境条件下的标志信息识别。又分为点阵显示发光标志和面板显示发光标志,其中点阵显示发光标志又分为外置式和内置式、面板显示发光标志又分为全透式和半透式。

点阵显示,分为外置式和内置式。采用一种菲尼光学透镜将LED封装于标志板表面,密集多点连续成线布设于文字笔画、图形轮廓以显示标志信息内容,称为**外置式点阵显示发光标志**;在不破坏标志板表面逆反射材料的情况下,采用LED定向光源板,通过标志底板的文字笔画、图形轮廓的预设圆孔、多个连续成线的点光源从逆反射材料背面形成穿透光而显示标志信息内容,**称为内置式点阵显示发光标志**。外置式执行标准《LED主动发光道路交通标志》(GB/T 31446—2015),内置式执行南京赛康交通安全科技股份有限公司企业标准。

面板显示，分为**半透式**和**全透式**。在不破坏标志板表面逆反射材料的情况下，采用规则间距布珠的混光定向技术 LED 光源板实施光源转换，透过逆反射材料背面形成穿透光而显示高清晰标志信息内容。仅仅是标志的文字笔画、图形轮廓具有穿透光，**称为半透式面板显示发光标志**；标志的底板、文字笔画、图形轮廓全部具有穿透光，**称为全透式面板显示发光标志**。面板显示执行中国安全产业协会团体标准《面板显示主动发光交通标志》（T/CISA 001—2018）。

不同类型主动发光交通标志在道路的用途列表如下。

主动发光交通标志用途表

类	别	适 用
点阵显示	外置式	全部路段的指示类、警告类标志
	内置式	弯道路段的线形诱导标志
面板显示	半透式	有路灯照明路段的指路类、指示类标志
	全透式	全部路段的禁令类、警告类、辅助类标志 隧道及无路灯照明路段的指路类、指示类标志

目 录
—— CONTENTS ——

观　点

主动发光,让更多的生命受益于道路交通标志产业升级 …………………… (3)
推动交通标志产业技术创新升级的作用和意义 ……………………………… (7)
主动预防、智能预警、稳静控制,创新交通标志信息管理技术 ……………… (11)

国 际 调 研

以静制动,于无声处显神奇——美国道路交通标志技术考察纪实 ………… (17)
用先进的管理与技术保障交通安全——韩国与日本交通标志
　　考察纪实 …………………………………………………… 冯移冬(28)

研究与应用

高速公路指路标志视认性改善研究与实践 …………………………………… (41)
南京市快速内环路指路系统改造应用研究 ……………… 邹礼泉　刘　千(52)
主动发光型道路交通标志与反光膜型道路交通标志的对比分析
　　………………………………………… 徐　骠　马静洁　丁正林(64)
LED 主动发光交通标志的经济性研究 ………… 黄小芳　贾志绚　苏家仲(70)
LED 主动发光交通标志的视认性试验研究与分析
　　………………………………………… 黄小芳　贾志绚　卓亚娟(77)

1

雨雾天气条件下主动发光面板视认性能研究
.... 彭一川 陆 键 李崇奕 刘 干(89)
LED 主动发光标志视认性能研究 …… 陆 键 徐 韬 彭一川 刘 干(95)
LED 主动发光交通标志应用性能研究
.... 彭一川 徐 韬 陆 键 刘 干(115)
基于 LED 透镜优化的主动发光道路交通标志视认性改善研究
.... 田 甜 刘 干 丁伯林 龚 鋆 唐 珂 徐家跃(125)
道路交通标志夜间视认性研究 …………………… 姜 明 刘 干(137)

附 件

附件1 支撑本书应用研究成果的部分项目 ………………………… (163)
附件2 LED 主动发光标志与逆反射标志夜间视认性对比试验报告…… (166)
附件3 科学技术成果鉴定证书 ……………………………………… (183)
附件4 关于设置照明的公路上主动发光标志设置必要性的说明 ……(187)
附件5 应用主动发光技术提高道路交通安全的测试评价 …………… (190)
附件6 本书涉及技术标准、知识产权、质量认证情况 ……………… (196)

后记——科研成果是产业升级的养分和种子
.... 刘 干 孙建林 任明星(198)

观 点

主动发光,让更多的生命受益于道路交通标志产业升级

道路交通标志是用图形符号、颜色和文字向交通参与者传递特定信息的交通管理设施,其主要功能:体现道路交通安全法则的效力;明确交通行为规范;调节道路交通流量和提高通行能力;降低交通事故发生率,保障交通安全畅通。随着人口、车辆、道路与经济水平的同步发展,道路交通标志已经与人们的生活紧密相关,是交通参与者必不可少的信息和安全工具。

最原始的道路交通标志,通常使用颜料、油漆、木材、铁皮制成,仅仅能够在良好视线状态下进行简单的近距离识别。

20世纪初,董祺芳博士(美籍华裔)发明并研制了新型反光膜技术,应用于道路交通标志制造业,令该领域安全识别功能得到显著提升。尤其是在夜间,强烈的车辆"远光灯"照射到交通标志板面反光膜材料,产生定向回归(逆反射)光源,使得车辆的驾驶人能够远距离视认信息内容。近一个世纪以来,全球的道路环境依赖着逆反射原理的交通标志制造技术。但该技术的缺陷也显而易见,车辆的"远光灯"会导致灯光区的非机动车和行人处于视觉盲区,而不打开或不具备"远光灯"条件的交通参与者在黑暗状态下无法识别标志信息内容,交通秩序和安全因此产生多重隐患。

在我国,道路交通标志和标线的相关国家标准《道路交通标志和标线》(GB 5768)最早发布于1986年,于1999年第一次修订,该标准完全采用了反光膜技

术。直到2009年第二次修订，增加了主动发光式、照明式两种光学模式的道路交通标志。而事实上，存在着明显功能缺陷的应用反光膜技术的道路交通标志，在几乎所有的公路上沿用至今。

1962年，通用电气开发出LED发光二极管。LED的高亮、高寿命、低压、低能耗优点，早已经被广泛应用于与道路交通标志类似的户外广告标识制造业。随着太阳能、风能等新能源技术的日益成熟，将反光膜与LED技术相结合，利用新能源，开发出一种适用于任意公路环境的主动发光道路交通标志，必将提高道路交通安全管理水平，有利于公路安全和生命防护。

从功能角度看，LED与反光膜结合使用，使得道路交通标志具备了自身"主动发光"，能够在任何道路和气候环境中被交通参与者视认，明显优于单纯反光膜技术的"被动反光"，其性能近乎完美。

从经济角度看，LED和反光膜的技术结合应用，大大提高了交通标志在交通安全中主动预防作用，显著降低了交通事故发生率，直接或间接产出巨大的交通安全经济效益，提高了交通安全工程的投入与产出比。

有这样一组公路安全生命防护工程实例为证：

2010年4月，南京郑和高架快速通道下关大桥双向S形弯道陡坡段，增设52套线形诱导和警告主动发光标志，重大交通事故再无发生。

2011年1月，山西省太原—长治、太原—晋中国省道，在各交通事故频发危险路段设置了警告主动发光标志和暴闪警示灯，显著提高了交通安全预防能力、降低了交通事故发生频率。

2011年9月，长深高速公路南京—天长段，设置了仿真警车警示主动发光标志20处，特定路段同比交通事故下降60%以上。

2012年8月，京港澳高速公路郑州—安阳段、郑州—新乡段，在20个团雾高发地段安装了防雾警示主动发光标志，有效地避免了雨、雾、霾天气和夜间恶性交通事故的发生。

2012年11月，安徽省312省道长山段，增设了28处警告主动发光标志和暴闪警示灯，针对恶性事故频发陡坡安装了大型主动发光警示标志，极大地改善了道路交通安全环境，避免了重大恶性事故。

2013年11月，天津市静海县环湖道路，设置了30处禁令警告主动发光标志，交通事故发生率显著下降。

2014年1月，南京市快速内环全线警告、禁令、指路均采用主动发光标志，雨、雾、霾天气和夜间交通事故发生率显著下降。

基于我国的道路交通安全形势压力，每年道路交通事故导致的死亡人数和万车事故死亡率均高居世界前列。尤其是随着"村村通"工程建设年复一年的深入推进，农村公路网与农民出行、农用车辆组成了一个新的以"农"为主体的交通环境。农村公路具有点多线长、弯曲狭窄、视觉障碍、车况低劣等不利于交通安全通行的因素，道路交通标志的创新设计和科学设置已经是当前农村交通安全管理工作的一个重点。人的交通安全意识淡薄，车的交通安全性能不足，路的交通安全设施技术缺陷，是道路交通安全形势恶劣的三大成因。寄希望于"主动发光"道路交通标志技术改变现状，无疑是一种创新。但是，道路交通标志要想完成"从被动反光到主动发光"的产业升级成功，还有着一大堆难题需要攻克。

第一方面，产品标准化的形成环境存在困难。我国的道路交通标志实施的是强制性国家标准，即《道路交通标志和标线》（GB 5768）。至今也仅仅是开了一个口子"道路交通标志的光学模式有逆反射式、发光式、照明式"。而主动发光式道路交通标志的工艺、设计、设置、验收等规范在该标准中几乎没有提及，标准依旧主要是介绍逆反射式道路交通标志技术。这样使得主动发光道路交通标志在最初的推广应用中非常乏力。

第二方面，产品的应用缺乏市场推动力。由于全球范围内的道路交通标志制造业长期依赖于反光膜材料，而工程用反光膜的产业制造技术门槛极高，多年来仅仅被美国、日本等少数巨头企业掌握着尖端技术，并形成了资本化市场运作。反光膜应用于交通标志，有着稳定的需求、高额的利润、巨大的产业环境，促使那些少数掌握技术、拥有资本的巨头企业坚持宣传并引导道路交通标志制造业局限于使用反光膜材料，并仅仅在反光膜技术工艺上创新提升，影响着道路交通管理者的思路和选择。尽管近年来出现了一些致力于"主动发光"道路交通标志产品的制造公司，但是几乎全部是普通逆反射交通标志制造厂家转型，很难在技术、资本、产业方面形成强大实力和影响力。在我国，道路交通标志的选用属于特有的政府管理体制，其受益使用者是普通出行者，但采购决策者是政府，新产品新技术的应用普及速度滞缓。

第三方面，产品的不成熟工艺技术严重影响着市场美誉度的形成。"主动发光"能够预防交通事故、照顾所有交通主体、改善道路环境、提升交通秩序的管理水平，显著的优势创造着更多的市场需求和机会。美中不足的是，集新能源、计算机程序软件、精密制造工艺、光学视认等高科技、多学科领域于一体的主动发光交通标志尚处于研发起步期，较多的普通交通标志厂家就开始了盲目的试制并应用。道路交通标志的使用环境具有动态条件下被视认、瞬间传达文字图形信息、处于雾霾或黑暗状态等特点，LED光源具有不同的散光、强光、弱光等特点,两者结合应用必须考虑视认性能和对人的视觉影响。浅显地说,LED发光二极管设置于标志板版面,若不经过科学工艺处理或设备改良,单个或少数量地在施工作业区设置尚能适用,一旦大范围或整条道路的密集性工程应用,视觉效果会大打折扣。家庭作坊式的小厂家对这方面认识不足,往往缺乏研究能力,随意的工程应用导致交通管理者、道路使用者产生视认性、可靠性、稳定性等功能效果误区,不利于市场普及。

从被动反光到主动发光,是道路交通标志产业的一次技术创新,需要较长时间的从推广到使用、再到品质认知的过程。例如很多业主和用户,在产品设计和使用中片面地要求能源的配置,而不明白节能效率和持续发光工作时间才是关键;过高提出发光像素的强度,而缺乏科学的光学与视认标准;盲目坚持沿用板面反光膜材料级别亮度,而缺少对产品整体功能的理性和经济考虑。

近年来,我国大力倡导科技创新,给主动发光交通标志的研究带来了机遇。在南京赛康交通安全科技股份有限公司持续近10年的技术攻关下,相关系列产品的制造和工艺技术都达到了国际领先的水平。该公司2017年实现了面板显示型主动发光交通标志5万平方米的产业化生产,市场覆盖全国。相关科技成果先后获得中国公路学会科学技术三等奖、南京市科学技术三等奖。

在标准化方面,全国交通工程设施(公路)标准化技术委员会于2009年9月立项起草《LED主动发光道路交通标志》国家标准。由交通运输部公路科学研究院、南京赛康交通安全科技股份有限公司共同组建的标准起草工作组,通过大量的试验和分析研究,先后开展并完成了《主动发光道路交通标志发光像素视觉融合性研究》《基于物联网技术的远程智能信息系统研究》《太阳能压降分析式电压输出光控装置及方法研究》等课题。2013年11月,标准起草工作组将《LED主动发光道路交通标志》国家标准送审稿提交专家组评审并通过,形成了正式报批稿,该国家标准于2015年发布实施,标准号为GB/T 31446—2015。

随着国家层面对道路交通安全工作的高度重视,《公路主动发光交通标志设置规程》《城市道路主动发光交通标志设置规范》等行业标准获得立项研究,道路交通标志的科学规范设置成为公路安全生命防护工程、城市道路交通文明畅通工程、国家公路网标志调整改造工程中的重要任务,以"主动发光"为技术创新的道路交通标志产业升级迎来重要契机,有望成为道路交通安全的生命防护神。

推动交通标志产业技术创新升级的作用和意义

道路交通标志,是将道路交通管控措施传递给驾驶员的有效信息载体,是交通管理部门进行交通管理的重要手段,也是性价比最高的交通安全设施。无论是城市道路、高速公路,以及正在实施中的公路安全生命防护工程,科学合理的设置交通标志是保障安全畅通必不可少的手段。又由于交通标志必须设置于道路的视觉空间范围内,一定程度上影响着城乡环境的品质。

一、我国道路交通标志技术标准沿革

我国道路交通标志技术标准的沿革,至今共经历了三个阶段。

第一个阶段是 1955 年至 1985 年,在这段时间里共完成了三次技术规范制修订:1955 年由公安部发布实施的《城市交通管理规划》里明确了交通标志分为三类 28 种;1972 年在公安部、交通部联合发布实施的《城市和公路管理规则》里明确了交通标志分为三类 34 种;1982 年由交通部发布实施的行业标准《公路标志及路面标线》(JTJ 072—82)里将交通标志提升到三类 105 种,一直沿用至 1985 年。在这一时期,交通标志的制造工艺主要指油漆涂刷于木块或铁皮以及搪瓷技术。

第二个阶段是 1986 年至 2008 年,在这段时间里又完成了三次主要的技术标准制修订:1986 年第一部强制性国家标准《道路交通标志和标线》(GB 5768)

将交通标志扩展到二类168种;1995年交通部发布实施了《公路交通标志板技术条件》(JT/T 279);1999年对《道路交通标志和标线》(GB 5768)进行了一次较大范围的修编,一直沿用至2008年。期间,2005年由公安部发布实施了《太阳能道路交通标志》(GA/T 580),对交通标志的光学形式开展了创新,但该技术在较长的时间内没有得到普及应用。在这一时期,交通标志的制造工艺主要是应用铝材和反光膜技术,其中反光膜长期依赖于国外进口。

第三个阶段是2009年至今,在这8年多的时间里,交通标志的技术标准工作得到了质和量的同步快速提升,超过10部国家、行业标准完成制修订并发布实施,同时还有较多省份和城市制订了地方规范标准。尤为重要的是,2009年对《道路交通标志和标线》(GB 5768)进行了第三次修编,同年发布实施了《道路交通标志板及支撑件》(GB/T 23827),交通部发布了《内部照明标志》(JT/T 750)、《公路道路交通标志和标线设置规范》(JTG D82);2015年先后发布实施了《LED主动发光道路交通标志》(GB/T 31446)、《城市道路交通标志和标线设置规范》(GB 51038);另外,《道路交通标志和标线》(GB 5768)的第四次修编工作已经列入了新的计划。在这一时期,交通标志的制造工艺提出了"主动发光"的光学模式创新,受限于技术研发的滞缓,仅仅是较小范围的示范应用,但是在示范应用的道路上极为显著地改善了道路交通安全状况,近年来呈需求增长态势。

二、传统反光交通标志技术的视认性缺陷与不足

目前绝大部分在用的道路交通标志是"逆反射"光学模式,其优点是无须电源可以借助机动车辆的灯光照射后远距离视认,但其缺点也较为明显,主要如下:

(1)由于反光膜应用的是逆反射视认技术,简单地说就是借助机动车辆的灯光照射向交通标志板,产生一个定向回归的反射光线,使得车辆驾驶员视认。在动态的交通环境中,驾驶员需要远距离识别交通标志信息才能够获得足够的提前操作反应,这就要必须打开车辆远光灯。正是远光灯引起的眩光问题,导致无数起交通事故。同时我们还应当认识到,交通标志不应当仅仅服务于具备远光灯条件的车辆,还有更多的行人、非机动车、灯光光效欠缺的机动车辆需要全天候清晰的视认。

(2)早晨和傍晚,车辆迎着太阳光时的交通标志处于逆光环境中,因难于甚至无法视认交通标志极易让驾驶员产生误判甚至于眩晕。遗憾的是,这个道路交通安全隐患问题,至今几乎没有得到重视和解决。

(3)雨、雪、雾、霾等恶劣天气环境条件下,受限于车辆灯光的光效影响,传

统的反光型交通标志形同虚设。

（4）城市商业发达的街区以及广告牌林立的道路两侧,霓虹灯、照明亮化比比皆是,严重削弱了交通标志在道路系统中的主视认作用。

（5）反光膜采用的是高分子化工材料和树脂黏合技术,使用寿命具有不稳定和不持续性,在道路上经常可以看见反光失效的现象。在一些潮湿寒冷的环境下,产生的板面结露也会给交通标志带来视认模糊。这些都是直接或间接性的交通安全隐患,需要我们去认知。

美国、欧洲、日本等发达国家和地区,早已经清楚上述的逆反射技术视认缺陷,他们更加重视道路交通安全设施的基础性研究,通过增加外部照明系统、应用 LED 主动发光技术去满足交通标志在全天候气象条件下的视认功能,保障交通安全和畅通。美国得克萨斯州交通研究院(Teaxs A&M Transportation Institute,简称 TTI)早已研究证明道路交通标志视认性与交通事故之间的必然联系,视认性较差的交通标志,往往会因为交通参与者错误判断或无法判断信息而诱发交通事故;通过提供更加良好视认性的交通标志,能够及早预防和减少不必要的交通事故。

三、新型光学交通标志的安全测试评价与应用评估

2015 年 12 月,受南京赛康交通安全科技股份有限公司委托,交通运输部公路科学研究院公路交通安全工程研究中心在公路交通试验场开展了三个试验批次、三种形式的标志视认效果分析,出具了《LED 主动发光标志与逆反射标志夜间视认性对比试验报告》,得出如下数据结论:

（1）一般城市道路指路标志(有路灯),Ⅲ类反光膜(高强级)逆反射指路标志的平均有效视认距离为 142m;点阵式 LED 主动发光指路标志的平均有效视认距离为 131m;半透式 LED 主动发光指路标志的平均有效视认距离为 211m。

对视认距离进行差异性比较分析,结果显示城市道路半透式 LED 标志的视认距离与其他两种标志均存在显著性差异。这说明半透式 LED 主动发光指路标志的视认性最优,并且明显优于Ⅲ类反光膜(高强级)逆反射指路标志和点阵式 LED 主动发光标志。其中,半透式 LED 主动发光标志的视认距离比Ⅲ类反光膜(高强级)逆反射指路标志的视认距离提升 46%。

（2）高速公路指路标志,Ⅴ类反光膜(钻石级)逆反射指路标志的平均有效视认距离为 162m;点阵式 LED 主动发光指路标志的平均有效视认距离为 264m;半透式 LED 主动发光指路标志的平均有效视认距离为 244m。

对视认距离进行差异性比较分析,结果显示主动发光标志与逆反射标志的

视认距离存在显著性差异。这说明 LED 主动发光标志视认效果明显优于 V 类反光膜(钻石级)逆反射指路标志,而点阵式 LED 主动发光标志与半透式 LED 主动发光标志的视认效果则差异不大。主动发光标志的视认距离比 V 类反光膜(钻石级)逆反射指路标志的视认距离提升 63%。

(3)警告标志与禁令标志,主动发光标志较Ⅲ类反光膜(高强级)逆反射标志具有更优的视认性,视认距离提升 20%。

根据试验数据,结合江苏省、山东省、山西省、吉林省、贵州省、湖北省、安徽省等地不同等级道路的示范应用后来自于公安交警部门的反馈信息,主动发光交通标志能够弥补反光标志的技术缺陷,对道路交通事故预防、提升道路交通安全管理水平和环境品质均有着显著优势,具有一定的可持续应用价值。

四、推动道路交通标志产业技术升级的建议及其重要作用

其一,建议明确道路交通标志产业升级和应用的技术创新路线:

一是,在现有的各等级公路建设改造,以及公路安全生命防护工程中,予以技术创新的大力支持,明确应用的范围和形式,从国家层面的专项补贴资金中给予应用考核,推动新技术的应用普及。

二是,针对新技术新产品,给予研发资金的专项支持,尽可能通过企业层面加速研究成果转化实施,同步制定强制性工艺和设置方面的技术标准,实施强制性质量认证,提高工程品质。

三是,基于车路协同的无人驾驶技术在快速发展,交通标志理应成为车路协同的重要智能信息载体。技术上,根据道路管理的需求变化设置智能型交通标志,车辆自动识别接收现场交通标志信息,从而将信息反馈到车载系统,实现车辆的自动按照道路交通管理要求控制驾驶行为。在新的光学技术普及应用的同时,立项实施"车路协同智能载体"研究开发,以适应未来交通管理新时代的技术发展。

其二,随着我国道路交通建设的日新月异,包括道路交通标志在内的交通安全设施行业已经成为国民经济的重要组成部分,是支撑道路交通安全管理向前发展的永续性不可缺少的产业。在欧盟提出的道路交通事故零死亡理念和目标中,通过创新技术实现主动预防道路交通事故的发生或减轻事故损伤,是至为重要的措施。我国的道路交通安全管理技术起步较晚,与道路建设和路网形成规模速度不相匹配,一定程度上很难保障交通参与者的生命财产安全。通过对道路交通标志等基础设施的研究创新,是夯实道路交通安全管理工作的有力保证,具有极其重要的社会经济效益和民生保障作用。

主动预防、智能预警、稳静控制，创新交通标志信息管理技术

注：本文节选自刘干在2015中国智能交通年会上的报告

一、交通标志技术创新的背景

众所周知，曾经的金房产、银路桥的高速增长过热时代已经一去不复返了，而今天大家济济一堂所面对的是事故频发、秩序混乱、效率低下的交通发展难题。在所有的交通问题和难点之中，高发多发的交通事故和死亡数字又是过去的道路交通规划、设计、建设、管理中遗留下的旧债，需要用新的方式方法去偿还。

在安全生产管理中有一个理念，就是安全的相对性和事故的绝对性并存，要想获得一个安全的生产环境，需要通过预判和发现事故的危险源，去主动预防事故的发生。当然，道路交通安全管理也不应当例外。

根据统计和分析，道路上的恶劣环境行车事故、路侧翻车事故、交叉口/弯道事故最容易导致重大伤亡，这些类型的事故又具有早晨、傍晚、夜间和恶劣天气条件下高发，货运车辆、大型客运车辆高伤亡的特点。我们通过对这些伤亡事故的研究也发现，完全可以通过更加科学的规划设计、更加完善的道路设施、更加合理的管理措施，给予交通参与者足够的感知和警示，以减少事故的发生、减轻事故发生所导致的生命财产损失。

当然，我们还需要构建一个科学系统的道路交通事故研判模型。来自我国官方对道路交通事故的成因统计，道路的因素占据了0.12%，而来自于美国官

方的这一数据则是直接和间接因素高达 29%。

德国几乎把所有的道路交通事故死亡归结于七种因素，并向交通警察下达了消除隐患的任务。而以德国为主的欧盟提出了道路交通事故零死亡的战略目标，并施之以改进措施，其中就包括更加安全的道路基础设施、更加创新的现代科技、改善易受伤害道路使用者的安全等。

当我们三步一岗、五步一哨，动辄亿元级的违法抓拍、监控摄像系统建设投入之后，为什么交通的安全、秩序、效率，这三大问题却没有得到根本性的解决，甚至于此消彼长？

二、交通标志技术创新的支撑点

伴随城市化的进程，对现代的道路交通标志已经提出了行为规范、法定效力、提高效率、保障安全、信息强化的多种功能性要求。我国《道路交通安全法》明文规定交通标志属于法定信号，应当符合道路交通安全畅通、安全的要求，并保持清晰、醒目、准确、完好。

中国于 20 世纪 80 年代初引进了美国的反光膜材料制作交通标志，沿用至今。一直以来，交通界的研究人员仅仅意识到反光膜制作交通标志带来的良好夜间反光视认性优点，却鲜有研究它的技术缺陷和不足，以及直接或间接产生的交通安全隐患、导致发生交通事故。

由于反光膜应用的是逆反射视认技术，简单地说就是借助机动车辆的灯光照射向交通标志板，产生一个定向回归的反射光线，使得车辆驾驶员视认。在动态的交通环境中，驾驶员需要远距离识别交通标志信息才能够获得足够的提前操作反应，这就要必须打开车辆远光灯。正是远光灯引起的眩光问题，导致无数起交通事故，使无数条鲜活的生命受到伤害。同时我们还应当认识到，交通标志不应当仅仅服务于具备远光灯条件的车辆，还有更多的行人、非机动车、灯光光效欠缺的机动车辆需要全天候清晰的视认。

早在 10 年前，同济大学潘晓东教授开展了《逆光条件下交通标志的可视距离研究》，该研究明确提出了早晨和傍晚，车辆迎着太阳光时的交通标志处于逆光环境中，因困难或无法视认交通标志极易让驾驶员产生误判，甚至于眩晕。遗憾的是，这一道路交通安全隐患问题，研究仅仅开展到发现问题的这一步，再无下文。直到 2015 年 7 月，在交通运输部公路安全工程研究中心与南京赛康交通安全科技股份有限公司的联合之下，才攻克了这一安全隐患难题。

雨、雪、雾、霾等恶劣天气环境条件下，受限于车辆灯光的光效影响，传统的反光型交通标志形同虚设。

城市商业发达的街区以及广告牌林立的道路两侧,霓虹灯、照明亮化比比皆是,严重削弱了交通标志在道路系统中的主视认作用。

反光膜采用的是高分子化工材料和树脂黏合技术,使用寿命具有不稳定和不持续性,在道路上经常可以看见反光失效的现象。在一些潮湿寒冷的环境下,产生的板面结露也会给交通标志带来视认模糊。这些都是直接或间接性的交通安全隐患,需要我们去认知。

美国、欧洲、日本等一些发达国家和地区,十分重视道路交通安全设施的基础性研究,通过增加外部照明系统去满足交通标志的全气候条件下视认功能,保障交通安全和畅通。

在交通标志技术发展史上,中国走过了1955—1982年的铁皮油漆和搪瓷标准规范研究时代;走过了1986—1999年的反光膜标准规范研究时代;从2005年开始由公安部交通管理科学研究所率先开展了太阳能LED交通标志的标准和应用研究,直到2015年的今天,中国已经有超过10部国家、行业和地方标准技术规范支持交通标志的新型光学技术创新。

三、交通标志技术创新的成果

自2009年以来,南京赛康交通安全科技股份有限公司开展了大范围、持续性的主动发光道路交通标志研究和开发。在2013年,我们争取到了国家开放课题《LED主动发光道路交通标志像素视觉融合性研究》,从而彻底解决了LED交通标志在动态视认环境条件下的光波、光强、光衰、光效、光色……一系列技术难题,开发出适用于各等级公路的点阵型主动发光道路交通标志(执行GB/T 31446—2015国家标准),适用于城市道路的背光源型半透和全透发光标志(执行JT/T 750—2008行业标准)。这些技术和产品在不改变原有反光结构和功能的前提下,投放市场,全面改善和提高了道路交通标志的视认性能,真正实现了"主动防御"交通事故的发生。

伴随交通标志新型光学技术的难题攻克,南京赛康交通安全科技股份有限公司又进一步将物联网技术融入交通标志,促使交通标志从静态管理设施向动态管理工具进化。

智能动态指路标志,是通过地感线圈、指挥平台、手机APP三种方式实现即时性向交通参与者告知最近的周边路段路况信息,为当前各类城市的"缓堵保畅"发挥重要作用。由于新技术的诞生,其成本仅仅是传统光带式路网信息板的四分之一,无疑是传统指路标志和光带式路网信息板的全面升级替代品。

复杂道路环境下的交叉口行人过街感知标志,是通过远红外线捕捉行人的影像,将行人过街的信息迅速反馈到距离路口前方的标志板面,急促地闪烁发光,警示车辆驾驶员谨慎慢行。

恶劣天气环境下的动态板面显示标志、提高清晰视认性和更加节能的环境照度自动检测调节光效装置、道路积水路段自动感应告知装置、恶劣天气高速公路防追尾防撞系统、速度控制系统、仿真静态隐患点待命巡逻模式系统,都因为新型光学技术的创新成功而更加智能和智慧。

快节奏、高压力下的城市生活环境,人们越来越追求高品质的生活,降低噪声、交通稳静化措施成为交通管理者和交通设计师们的研究课题。应用于居民生活区,设有环境照度自动检测调节光效装置的背光源标志,能够让车辆驾驶员远距离预判交通信息,避免不必要的刹车、鸣笛、远光,给小区营造一个更加宁静的交通环境。

在此,作者提出呼吁:自从美籍华人张秋教授1978年把交通工程学带入中国以来,交通工程学长期是一门集车辆工程、道路工程、人机工程、环境工程等多学科相互渗透的交叉学科,而道路交通安全设施的研究和开发,又是在交通工程学基础上融入计算机、光学、力学、材料、人体、结构、环境艺术等繁多学术领域的边缘性课题。在中国的很多院校,开设的交通工程的课程中,涉及包括交通标志在内的基础性交通安全设施学习和研究还非常欠缺,传统的道路交通安全设施企业尚不具备规模研究能力。在中国智能交通技术已经大发展、高投入的当下,重视并研究好基础性交通安全管理设施,吸收、消化、利用并创新,使之成为承接车路协同的载体,不仅仅有利于道路交通环境中最基本的安全保障、秩序规则建立、通行效率提升,也必将大大促进智能交通、智慧城市领域的新技术应用事半功倍、水到渠成。

国际调研

以静制动，于无声处显神奇

——美国道路交通标志技术考察纪实

在美国的相关文献中，经常用"container（载体）"这个词来形容道路交通标志，认为它是将道路交通管控措施传递给驾驶员的最为有效的工具，是交通管理部门进行交通管理的最重要手段。在美国联邦公路管理局一项长达十年的技术研究中，对各种交通安全设施的效用进行了比较，交通标志被认为是性价比最高的交通安全设施。正是由于交通标志的重要作用，美国对于交通标志的研究已经长达近一个世纪，是世界上相关技术最为先进，技术规范最为系统的国家。美国的交通标志和标线设置手册MUTCD（《交通控制设施设置手册》）被世界各国所广泛学习与借鉴。应该说，虽然交通标志是无声的，但是美国通过先进的技术手段与科学的设置方法，使交通标志成为最为及时与科学的交通信息传递手段，有力地保障着驾驶员的安全通行。

2015年12月初，《LED主动发光道路交通标志》国家标准起草组三人对美国的道路交通标志标线设施情况进行了实地技术考察，9天的时间里先后途经旧金山、洛杉矶、拉斯维加斯、达拉斯、克利奇大学城、迈阿密、华盛顿、纽约等8个城市，涉足了9个州的各等级道路。下面用纪实的形式对此次技术考察展开叙述，重点展现基于安全的技术应用亮点，以供借鉴。

一、完整、系统的交通标志和标线标准体系

1918年美国威斯康星州在全国首先将公路体系予以标记,并用地图标明编号和标志的形状。用搪瓷薄板制作标志。1924年,美国公路协会倡导建立联邦"标志统一规划",随后在1927年、1929年农业部颁发了《农村公路手册》,街道及公路安全全国会议颁发了《城市道路手册》,于1930年出版了《城市道路标志手册》。美国认识到道路交通标志统一的重要性,于1935年出版了第一版《交通控制设施手册》(Manual on Uniform Traffic Control Device,简称 MUTCD,见图1)。该手册也成为美国交通标志和标线的纲领性技术指导文件。随着相关领域研究的不断深入,MUTCD 的修订周期不断缩短。在1935年至2000年的65年间,仅完成了七次修订,而2000年至2009已经完成了三次修订,将交通安全相关领域的最新的科研成果与理念如路侧净区、宁静交通等均吸收其中,内容不断丰富,标准、规定更加规范、科学、合理。

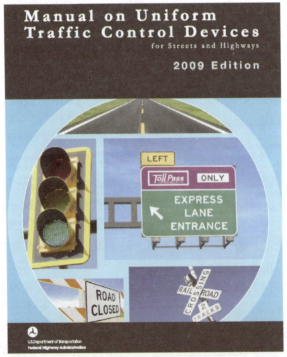

图1　MUTCD:美国道路交通标志和标线的"根本大法"

在最新版的 MUTCD 中,规定了交通标志、标线、信号灯的设置基本要求,同时从低交通量公路、临时性标志、学校区域、公铁平交、非机动车等几个方

面,系统性规范了交通标志和标线的设置要求。为交通标志和标线的设置、施工与管理提供了充分的指导。其系统性、规范性与科学性值得我国制定相关标准时学习。

二、注重交通标志的视认性

20世纪90年代初,美国联邦公路局通过大量的事故数据分析,发现夜间交通事故的严重程度是白天的2倍。基于此,1993年,美国议会批准了美国运输部对夜间交通标志和交通标线逆反射系数最低要求的法令。经过长达10年的研究,2003年,美国《交通管理设施设置技术手册》(MUTCD)中提出了交通标志和标线最低逆反射系数的要求。在四年后的2007年,MUTCD进行修订,提出了保证交通标志最低逆反射系数值的养护方法。同时,MUTCD给出了不同情况下,不满足最低逆反射系数要求的交通标志和标线更换时间节点。由此可以看出,标志的夜间视认性受到了美国交通安全管理部门的高度重视,并且投入大量资金与时间开展相关研究。

这一点也深刻地体现在美国路上设置的交通标志之中。美国各地采用了多种光学技术的交通标志,其目的就是寻找最优的视认效果。

(1)最为广泛的是在逆反射标志的基础上加装外部照明装置,大量应用于各等级道路的指路系统,如图2所示。

图2 逆反射标志加装外部照明装置

(2)其次是在采用反光膜制作交通标志的同时,采用一种大广角、强反光的圆形晶片镶嵌于标志轮廓和文字图形中,如图3。

(3)新型LED点阵和内部照明的主动发光式交通标志较多应用于平面交叉路口或安全隐患路段,呈后来居上之势,如图4~图6所示。

图 3　镶嵌于标志轮廓和图形中的晶片

图 4　新型 LED 点阵标志

图 5　内部照明的主动发光式交通标志

图6　逆反射标志结合 LED 点阵主动发光技术在恶劣天气条件下增强视认性

这些增强交通标志视认性的技术措施,呼应了美国交通安全相关法律对机动车辆行驶中禁止使用远光灯的法令,确保了车辆使用近光灯在夜间也能够远距离视认交通标志,同时又满足了各种交通参与者使用不同交通工具时对交通标志的全天候视认需求。访问美国得克萨斯州交通研究院(Teaxs A&M Transportation Institute,简称 TTI)(图7)的 Dr. Susan 教授和 Mr. Jeffrey 教授助理中得知,他们早已经研究证明道路交通标志视认性与交通事故之间的必然联系,视认性较差的交通标志,往往会因为交通参与者错误判断或无法判断信息而诱发交通事故;通过提供更加良好视认性的交通标志,能够及早预防和减少不必要的交通事故。

图7　与美国得克萨斯州交通研究院(TTI)开展技术交流

三、注重弱势群体,保障行人与非机动车安全

1. 加强警告,宁多勿缺

为保障非机动车和行人的安全出行,美国设置了大量的警告标志。弱势群

体出行相关的警告标志数量之多令人惊讶,生怕驾驶员注意不到,如图8和图9所示。

图8　警告标志牌

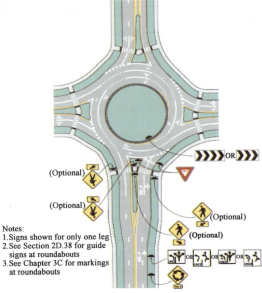

图9　反复警告标志

2. 提升视认,规格最高

为提升相关标志的警示性,美国注意儿童标志采用了不用于其他警告标志的五边形形状,使驾驶员可以在很短的时间内辨认出该标志,保障学生的安全出行。同时,美国的儿童警告标志、行人警告标志设置尺寸大于其他警告标志一个等级,以提升标志的警示性,如图10所示。

图10　儿童警告标志牌

3. 减少干扰,强调实效

在城市街道的两侧,更多给予慢行交通和公共设施提供了丰富的标志语言,除了在交叉路口可以看见指向街道方位和名称的指路牌之外,路段沿线几乎没有影响城市空间的大型路牌类标志。咨询了解当地驾驶员得知缘由,一方面在城市街道行驶的车辆大多是极为熟悉规则的路网环境和交通法规,不依赖于道路上是否有相关标志信息,路口停三秒的规则习惯完全可以分辨出设置在该位置的标志信息内容,而丰富的慢行交通和公共设施标志更加方便于人们使用非机动车出行或步行;另一方面先进的智能导航系统为驾驶员提供了准确到达目的地的便利。

4. 体现人性化,重视管理的安全本质

各类动物被形象地设计在黄色标志版面上,安装在动物可能通过的路段,以警示车辆保护动物们的优先和安全通过。极少看到超速或闯信号等违法抓拍装置,即便设置时也会在前方连续安装多块清晰醒目的提示告知标志,以达到让驾驶员守法行车的主要目的。

四、强调预告与人机响应,体现人性化

1. 强调预告,保证安全实效

根据美国的交通法律规定,看见"STOP"停车三秒才能通过路口。为此,大量的交通流量较小的道路交叉口并没有设置信号灯,而是设置了八边形红底白字白边框的"STOP"标志。同时,为了使驾驶员安全的停止在路口,在"STOP"标志前均设置了警告标志,预告前方需要停车让行。给驾驶员以充足的停车距离。这种经济、安全、高效的交通管理方式已经演变为全部车辆驾驶员的日常行车习惯,以至于成为"车让人"交通文明的象征,如图11和图12所示。

2. 突出高速公路出口,避免误驶

在高速公路出口的前方一定距离范围内连续设置驶出方向的信息标志,提前预告出口,给驾驶员充足的准备时间。此外,多车道高速公路经常开辟专用出口车道,在出口标志中用黄底进行突出,给驾驶员以特殊警示。这样的措施使得驾驶员在出口位置没有选择机会和权利,只能及早提前决定是否驶出高速公路,长此以往养成在出口前方尽早做好准备的习惯。防范了很多驾驶员依赖于高速公路出口匝道处的两个方向信息告知标志,难免会出现信息选择的迟疑和停顿而产生安全隐患,导致该位置的交通事故高发,如图13~图15所示。

图 11　预告

图 12　STOP 警告

图 13　提前预告出口

图 14 收费站前不再存在出口的提示

图 15 最右侧车道仅供出口车辆使用

3. 不同功能区，通过区分颜色提升标志视认性

当标志板面需要多种不同类别信息组合在一起时，科学运用了多种色彩鲜明的搭配，把包括黑色、白色、紫色、黄色、蓝色、绿色等不同的颜色进行合理区间规格设计，以提示驾驶人更加快速准确地识别到所需要的主要信息。在飞机场周边区域的道路，所有涉及指引航站楼及其设施的交通标志，均采用了黑色底、白色文字图形的风格，从色彩上给人以显著区别的进入低空飞行区提示，如图16和图17所示。

图 16　显著提示(一)

图 17　显著提示(二)

采用比其他在道路路侧更为耀眼夺目的标志提醒注意行人(儿童)。五边形或四边菱形的设计最大程度地保证了图形的尺寸清晰,配以荧光黄绿色反光膜,提高视认性能上的极大注意力。

4. 针对性采用多种结构形式,推广解体消能杆件,提升标志结构的安全性与灵活性

悬臂式和门架式标志的杆件采取了充分考究和非常牢固的钢结构设计,以保证它们能够抗击可能发生的强烈撞击或者飓风、地震等自然灾害下不致倾覆。对于路侧立柱式标志的杆件,则采取了便于拆装和消能的钢结构设计(也有木制),杆件上部的规则孔洞既满足板面高度调节的需要,又能够在车辆撞击时轻易折断,杆件底部的紧固装置也会促使车辆撞击时杆件和基础分离,这些设计和设置完全能够减缓消除撞击能量而减轻损伤,如图 18 和图 19 所示。

图 18　推广解体消能杆件

图 19　消能标件

通过本文对美国道路交通标志设计和设置技术的梳理,可以看出,我国的道路交通标志在管理理念和技术方面尚有较大的提升改进空间。

用先进的管理与技术保障交通安全

——韩国与日本交通标志考察纪实

(冯移冬　交通运输部公路交通安全研究中心)

一、调研概况

2016年9月,应韩国建设技术研究院(KICT)、韩国企业Kims AD的邀请,有幸就道路交通标志管理与视认性技术对韩国的相关科研、生产部门进行了学术考察访问。考察团成员与两所机构的相关研究人员、部门负责人就双方关心的交通标志与交通安全进行了深入交流。

考察期间,考察团成员还调研了韩国及邻国日本的交通标志实际应用情况,并对两国在道路交通安全领域先进的设计理念进行了重点考察,获取了大量一手资料供日后借鉴与研究。

二、与KICT及Kims AD交流纪实

1. 与KICT就标志管理系统及主动发光标志研发进行交流

韩国建设技术研究院KICT(英文全称KOREA INSTITUTE of CIVIL ENGINEERING and BUILDING TECHNOLOGY)成立于1983年,是隶属于韩国政府的一个国家级科研机构,致力于研究并解决各类工程建设中的技术及安全问题。其中该院在交通工程领域,为韩国国土交通部及韩国政府提供了大量而有效的交通相关问题的建议,同时参与编制了一批标准、规范。

近几年,我国交通运输部与韩国国土交通部建立了良好的合作关系,我国多个研究机构亦与 KICT 达成了较好的合作意向,并且对一些共同关心的问题进行了合作研究。

本次访问交流是在上述背景下进行的,交流的重点主要集中在公众关注度最多、预防交通事故性价比最高的交通标志方面。双方对交通标志领域的两个前沿研究课题——交通标志管理及评价系统、主动发光技术进行了深入交流。

(1)韩国的路网交通标志管理系统

截至 2015 年年底,韩国全境各级公路(含城市道路)总里程达 10.6 万公里,登记在案的交通标志达 16.5 万块。为了更好地管理这些标志,解决路网标志设计中出现的各类问题,KICT 道路标志管理中心于 2002 年着手开发路网交通标志管理系统(图1)。经过 10 多年的发展,该套系统已实现覆盖了韩国境内所有登记在案的交通标志,并建设成为具有完善的数据采集端、数据处理系统以及公众反馈窗口的网络综合管理平台。

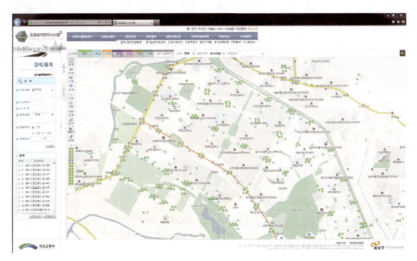

图1 韩国路网交通标志管理系统界面

本次访问中,KICT 道路标志管理中心的 Chang-HeeHong 高级研究员介绍了中心与韩国国土交通部、地方道路管理部门之间的合作沟通机制,并就标志管理系统的数据采集方式、数据分析评价功能、评价结果反馈机制等内容与考察团成员进行了深入的交流。

Chang-HeeHong 还邀请考察团成员来到标志管理中心(图2),由管理人员现场演示了标志管理系统的各个功能模块(图3),并与考察团成员就关心的具体技术问题进行了详细讨论。

a)参观　　　　　　　　　　　　　　　b)演示

图 2　KICT 道路交通标志管理中心

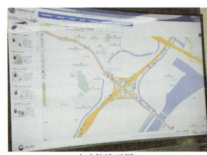 

a)功能演示图一　　　　　　　　　　　b)功能演示图二

图 3　路网交通标志管理系统功能演示

(2)韩国的主动发光标志技术研发

KICT 交通标志管理中心的工作人员还向考察团展示了该中心在主动发光标志技术方面的研究成果。

主动发光标志是不同于传统逆反射标志的一种新型标志,可有效提高驾驶员在夜间及不良气象环境中的视认距离。韩国在主动发光标志方面的研究进度与我国相近,所研发的发光标志类型包括点阵式 LED 发光标志、背光源式 LED 发光标志和光纤式 LED 发光标志,如图 4 所示。

a)普通标志　　　　　　　　　　　　b)主动发光标志

图 4　韩国 KICT 所研发的主动发光标志

2. 与 Kims AD 就主动发光标志生产技术进行交流

KimsAD 成立于 1996 年,是韩国一家具有一定规模的标志生产厂家,所生产的产品包括主动发光交通标志、发光突起路标,以及闭路电视监控系统等。在主动发光标志研发领域,该企业拥有较强的研发能力和一定的技术储备,并与 KICT 标志管理研究中心保持着长期的技术合作关系,是韩国主动发光标志生产企业中最具实力的企业之一。

KimsAD 的首席技术官 Choi Young Gyu 向考察团介绍了他们公司的背光源式 LED 发光标志,以及光纤式 LED 发光标志。韩国厂家所用的背光源式标志的透光板为高性能 PC 板,具有较好的透光性和热稳定性,由冷热变化而引起的相对位移较小,不易变形且使用寿命有保证。而关于新型光纤标志,Choi Young Gyu 介绍说,其最大的特点就是节能。根据美国相关研究计算,每年同样照度和使用效果条件下,光纤标志所消耗能源是其他标志的 1/4 ~ 1/3,适合配套太阳能电池,设置于供电不方便的地区。

考察团成员就 kimsAD 公司发光标志的性能参数、生产流程、使用寿命等有关问题与韩方技术人员进行了深入交流,并近距离参观了各类发光标志样品(图 5、图 6)。

a) 光纤标志

b) 光纤材料

图 5　韩国光纤式 LED 标志

三、主动发光标志应用情况考察纪实

1. 总体情况

在本次考察中,代表团对韩国及日本各级公路的主动发光标志使用情况进行了调研,重点考察了两国发光标志的使用规模以及使用形式。通过本次考察,考察人员的总体印象为:LED 发光标志在两国道路上得到了较为广泛的使用,

图 6　韩国背光式 LED 标志

标志类型也多种多样。可以预见,随着各个国家城市化进程的不断推进,在日益复杂的道路网络中,具有全天候优良视认性的主动发光标志,将是各国未来交通标志发展的一个必然趋势。

2. 韩国主动发光标志应用情况

韩国的主动发光标志多用于城市道路及高速公路出口处,且发光形式多样。以首尔市及周边地区的路网为例,各级道路均有主动发光标志的使用。如图 7 所示,依次为韩国半透式 LED 发光标志、全透式 LED 发光标志、光纤式 LED 发光标志的使用案例。其中,光纤式 LED 标志在韩国的使用时间较短,具体性能效果,韩国方面正在积极研究评估中。

3. 日本主动发光标志应用情况

日本是亚洲最早实现工业化的国家之一,在经济发展方面取得巨大成就的同时,其城市化水平也得到很大提高,交通事业高度发达。以东京、京都、大阪、神户为代表的都市圈,经常可看到 2 层、3 层乃至 4 层的立交桥、互通和地下道路,密集的路网和发达的交通设施展示了国际大都市的时代感。而驾驶员在如此复杂的路网和道路体系中行车,对交通标志的指引效果也提出了更高的要求。

日本的公路大多有路灯照明,车辆一般只开近光灯,很多高速公路甚至不设防眩板。而在夜间行车时,近光灯往往不能有效照射到标志板面,一般的逆反射标志的视认性将会受限。所以对于道路上重要的指路信息,或者事关安全的警告信息,日本的做法是全部采用主动发光标志。

在日本高速公路上,主动发光标志的数量是惊人的,以考察团途经的关东自动车道为例,发现几乎每一个出口的出口预告标志都采用了主动发光形式;不仅如此,在分合流点、隧道及地下道路、线形不良路段、出口密集区域等点段,相应的警告、禁令、指示标志也均采用了主动发光形式,如图 8 所示。

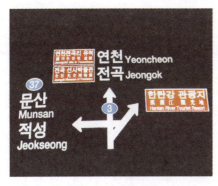
a) 半透式LED标志

b) 全透式LED标志

c) 光纤式LED标志

图7　韩国道路上使用的各类主动发光标志

根据发光标志的应用数量,考察团仔细查询了日本相关标准发现,其中对于高速公路的交通标志进行了详尽的光学形式规定:地点方向、出口确认标志必须采用LED内部照明;采用逆反射的出口预告、车道指示标志必须增加外部照明装置;限速标志则全部采用LED点阵主动发光式。

四、其他交通安全设施及交叉口渠化考察纪实

1. 总体情况

在本次考察中,代表团对韩国及日本的道路交通安全设施以及交叉路口渠化进行了调研。调研对象包括:道路轮廓标、减速丘、示警桩、针对行人和非机动

a) 出口　　　　　　　　　　b) 隧道

c) 线形不良路段　　　　　　d) 分合流点

图8　日本主动发光标志的广泛应用

车通行的安全设施设计、交叉路口渠化设施设计等。留给考察团的整体印象是，两国道路交通安全设施，真正做到了以人为本，设计及施工过程的精细化程度很高，有很多国内可以学习与借鉴的地方。

2. 精细化的交通安全设施

在韩国及日本考察期间，一些别具特色、体现以人为本理念的交通安全设施引起了考察团的注意。

如图9所示，为韩国城市道路行人过街通道处设置的示警桩。示警桩的外部是橡胶层并贴有反光膜，可对过往车辆起到警示作用；而在示警桩的内部，则设置有链式弹簧，当车辆与之相撞时，可起到缓冲与保护作用。

进入韩国首尔市区后，可以看到很多嵌入式道钉，如图10所示。嵌入路面的结构设计，可最大限度减小车辆经过时对其造成的损伤，并可避免冬季被铲雪车辆连同积雪一起铲走。

a) 示警桩　　　　　　　　　　　b) 示警桩内部结构

图 9　韩国城市道路弹性示警桩

a) 道钉(一)　　　　　　　　　　b) 道钉(二)

c) 道钉(三)

图 10　韩国道路上嵌入式道钉

　　转到日本的公路上,仔细观察设于路侧或对向行车分隔带的轮廓标,会发现其设计别具匠心。日本人在轮廓标的两侧安装了一对带清洁刷的小风扇(图 11),当有车辆驶过时,所形成的气流会带动小风扇转动。在夜间行车时,轮廓标给人的感觉就像一个个闪动的"风火轮",既达到了引起驾驶员警觉的目的,又自动清洁了轮廓标的反光面,一举两得。

a) 轮廓标(正面)

b) 轮廓标(侧面)

图11　日本公路上带清洁刷的轮廓标

日本道路对于路侧风险的防护充分且精准。在由成田机场去往东京市区的道路上,考察团成员发现,路侧对应于每一个路灯或立柱结构,均单独配套有防护护栏,即追求防护的充分性,又讲究防护的经济性,如图12所示。

图12　日本路侧护栏的设置

3. 鲜明的交叉口渠化设计

韩国城市道路的交叉口渠化设计非常细致。以首尔市的小型路口环岛为例,每一个路口均设有车流渠化岛和行车诱导标志,且每条车道均设有连续的导流线,如图13所示。

另外,在韩国首尔市区道路的很多交叉口及行人过街通道都设置了减速丘,从距离人行横道线5m远左右的位置开始,主路路面被逐渐垫高,至人行横道处与路缘石齐平,在减速丘标线的配合下,整个减速丘与周围道路环境融为一体,浑然天成,毫无违和感,如图14所示。

a) 环岛标志(一)

b) 环岛标志(二)

图13　韩国首尔小型路口环岛设计

a) 减速丘(一)

b) 减速丘(二)

图14　韩国行人过街通道前减速丘的使用

五、总体感受及建议

韩国和日本的经济发展和城市化进程走在我国的前面,纵观两国道路交通的发展历程,我们可以从中吸取到很多成果经验,同时也可预见我国道路交通未来发展的趋势与方向。本次针对两国的各级道路进行实地考察后,主要在以下两个方面感触颇深。

1. 主动发光标志技术的广泛应用

韩国与日本均大量应用了主动发光标志技术,可以预见主动发光标志将是未来交通标志发展的一大趋势。建议我国可参考两国相关主动发光标志的生产及设置标准,加大对于主动发光标志的研究与应用。同时为智慧城市、智能交通提供新的技术支持,也为未来无人驾驶的人工智能识别实现车路协同夯实基础。

2. 交通安全设施的精细化设置

与韩国、日本相比,我国在交通安全设施的总体设置技术上并不落后。但是,从精细化角度出发,我国公路上大量的安全设施设计比较粗放。韩国公路上进行的针对行人和非机动车通行的安全设施设计、交叉路口渠化设施设计;日本的道路轮廓标、车辆堵塞提示标志等,均体现了精细化的设计思想,值得我国设计施工人员借鉴与学习,以提升安全设施的设置水平。

研究与应用

高速公路指路标志视认性改善研究与实践

摘要：在分析高速公路指路标志视认性现存问题的基础上，从标志的信息量、关联性以及新技术等方面研究相应的改善途径，并结合 G12（珲春—乌兰浩特）高速公路长春东互通立交指路标志改造工程案例特点，提出了该互通立交的指路标志系统的优化改造方案，在提高标志视认性的同时，保证了行车效率与安全。

关键词：高速公路；交通标志；视认性；主动发光

Abstract: according to the analysis on current problems of the highway traffic signs visibility, this paper has researched an effective approach in three aspects: quantity and relevance of guide signs information, new technology. In the actual project cases of Changchun highway, an optimization solution for guide sign system of the adjacent interchange has been proposed, so the signs visibility has been improved, thus guaranteeing the driving safety and efficiency.

Keywords: highway; traffic signs; visibility; Active light-emitter

0 引言

高速公路指路标志是高速公路重要的交通信息，相比禁令、指示、警告标志，其信息内容较多,版面尺寸较大,起到为驾驶人提供道路信息,对交通流进行引导的作用。

而高速公路指路标志的视认性好坏直接影响到路网运营效率和行车安全。特别是在匝道出入口处,由于道路几何线形的变化,驾驶人要进行减速、变换车道等复杂操控,同时还要接受大量的指路信息识别。若指路标志视认性不佳,一方面会导致行驶速度过快的驾驶人没有充足时间对指路信息进行认读,从而走错方向,带来时间浪费和经济损失;另一方面驾驶人为增加视认时间必然要降低车速,极易与后方车辆产生速度差,存在追尾事故的隐患[1,2]。如2015年6月,在沈海高速公路晋江互通路段,因外地驾驶人未能提前对匝道出入口处的指路标志进行视认,临近匝道口处才仓促变道,与内车道的大客车相撞,造成人员伤亡。

关于指路标志视认性问题,国内外已进行相关研究。国外方面,美国NCHRP采取现场试验与室内试验相结合的方法针对高速公路标志信息量对驾驶人产生的负荷问题进行研究,并建立了信息量与交通事故的定量关系[3];国内方面,王建军结合西安路网,通过对信息进行分类、分级和节点划分的方法,提出了道路交通标志优化设计方法[4,5];姜军根据不同光照条件下驾驶人视认指路标志的特性参数建立模型,计算指路标志设置参数[6];丁柏林研究了一种新型发光道路交通标志,通过与传统反光膜技术相比较提出 LED 背光源标志的优势[7]。

在现有研究成果的基础上,本文将结合实际工程案例提出高速公路指路标志视认性改善途径,这对减少高速公路交通混乱、事故频发,提高行车效率和安全具有现实意义。

1 高速公路指路标志视认性存在的问题

1.1 指路标志信息量过载

过载的指路标志信息量会增加驾驶人视觉认知负担,即便车辆携带导航仪器,驾驶人仍需对指路标志内容进行确认,一旦导航信息与指路信息不符,迫使驾驶人停留在匝道出入口处犹豫不决,将带来更大的事故隐患。

通常高速公路匝道出入口标志信息过载原因有如下两点:

(1)随着国内城市逐步向国际化迈进,指路标志通常使用中英文对照,各地方路名、地名英语、汉语拼音应用混杂,英语大小写不统一,汉语拼音未注音,不仅其本身认读性差,还降低了标志板面的利用率,对有效的汉字信息传递造成干扰(图1a)。

(2) 缺少对指路信息的分层筛选,级别过低地名信息放置在标志板面上,无法对外地驾驶人进行有效的路径引导,甚至造成驾驶人决策失误,迷失方向(图1b))。

a)   b)

图1   高速公路交通标志信息量过载

1.2   指路标志信息缺乏连续性

行车过程中,驾驶人会接受较多的信息,如道路线形变化、车辆运行情况、信号灯、商业广告等,这均会对指路信息产生干扰,同时,驾驶人记忆认知能力有限,不可避免地产生遗忘。这都要求对重要指路信息进行连续指引。

高速公路指路标志通常存在信息不连贯的情况,前后指路信息不匹配或突然缺失,缺乏连续性,部分预告信息提前量和重复次数不合理。如大量指路标志设置在匝道出入口处,但缺少对匝道出入口信息预告标志的设置,导致驾驶人行驶到此位置前方,突然接受大量指路信息,没有任何心里预兆,无法在短时间内进行认读,给驾驶人带来困惑,埋下交通安全隐患。

1.3   恶劣环境下逆反射标志的视认性缺陷

国家强制规范《道路交通标志和标线》(GB 5768.2—2009)中对交通标志分为逆反射材料(反光膜)、照明(内部照明、外部照明)和主动发光,三种类型。目前国内高速公路使用的指路标志绝大多数是传统的逆反射标志。

逆反射标志板在车辆前照灯光线照射下,由于光的衍射性能,在反射时会形成光锥,并形成核心亮、周边暗的特征。在标志与车辆保持一定距离时,不同车型观测角存在差异,形成视认能力的差异。根据研究,不同车速、汉字高度下标志视认距离在150~50m,其标准小汽车观测角为0.2°~0.9°,大型车辆观测角为0.5°~2.0°,即大车的观测角要比小车大一倍以上,大型车辆驾驶人的视线靠近反射光锥的外围。同样,车辆前照灯光对标志入射角增大(包括车辆前照灯光与标志板面法线的纵向与横向夹角),也将使标志逆反射性能下降,参见图2。

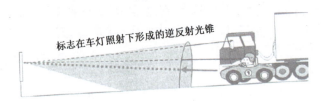

图 2　不同驾驶人眼高区别示意图

根据上述原理的试验结果,门架、悬臂等位于道路上方标志采用路侧同样等级的反光膜材料时,其逆反射效果只能达到路侧设置的15%左右,而且高速公路大部分指路标志,均设置在车道上方,其夜间视认距离对于不同类型车辆驾驶人有较大差异。

此外在逆光、暴雨、雾霾等恶劣天气下,逆反射标志视认性明显降低,当驾驶人不能使用远光灯(光线发生散射),逆反射标志的视认性大幅下降,存在安全隐患(图3)。

为解决上述问题,欧美等发达国家通常在标志上方或下方设置外部照明装置,对标志进行补光,以外力增加车灯的照射效果,提高标志的视认性。但增加的照明装置对标志杆件的承载能力要求高,成本较高。外部照明标志,晚间实际效果欠佳,白天尤其是在晴朗天气,照明灯具的阴影本身又会影响标志视认,参见图4。

图 3　雾天标志视认性降低

图 4　瑞士加装外部照明标志

2　改善指路标志视认性的途径

针对高速公路指路标志视认性存在的问题,本文将从指路标志的信息量、关联性以及光学视认新技术这三个方面对标志视认性进行改善。

2.1　优化过载指路信息

根据相关资料研究表明,对于100km/h车速的驾驶人来说,对指路标志信息的视认时间约1.8s,能在这段时间对标志信息认读的字符数一般不超过30个。因此对过载指路信息进行筛选、精简,能减少驾驶人视觉认知负担,提高信息传递的准确性。

针对信息过载原因,本文提出两方面的优化改进途径:

(1)国标 GB 5768—2009[8]并没有对指路标志须采用中英文对照做出明确规定,并且考虑到高速公路的指路标志是为机动车服务的,车辆高速行驶时,基本无法识别英文字母,因此指路信息可只采用汉字表达,提高版面利用率和视认性。

(2)明确指路信息的级别,应根据道路等级、服务功能和重要程度,对指路信息进行分级,通常一级信息选用高速公路、国道等重要路名,直辖市、地级市等重要地名;二级信息选用省道、城市主干道等较重要路名,县及县级市等较重要地名;三级信息选用县、乡道等一般路名,乡、镇、村等一般地名。当高速公路与各个等级道路连接时,可参考如表1所示的选择信息[9]。

互通式立交标志信息要素选择参考　　　　　　　　　　表1

标志所在位置	主线方向(直行方向)	被交道路方向(出口方向)		
		高速公路、国道、城市快速路	省道、城市主干路	县、乡道、城市次干路和支路
高速公路	一级、(二级)	一级、(二级)	(一级)、二级	(二级)、三级

2.2 指路信息连续性设置

指路标志系统传递信息必须保持路径引导的一致性、连贯性,保持前后呼应,避免信息传递的突然增加与丢失。

指路信息连续性设置要求为:

(1)指路标志系统的信息应连续

①预告标志中出现的信息应在告知标志中再次出现;

②某一信息一旦出现,应在到达该信息之前的指路标志连续出现,不应中断。

(2)指路标志系统的信息应相互对应

①预告标志、告知标志、确认标志中的主要信息应相对应;

②入口标志、路段标志、分岔点、出口标志及确认标志的主要信息应相互对应;

③入口预告标志中的信息应全部体现在入口地点方向标志中;

④出口预告标志中的信息应体现在相应的出口预告、出口标志中;

⑤距离标志上的第一行信息应体现在出口预告标志、出口标志,以及驶出高速公路后相衔接的国道、省道平面交叉路口路径指引标志中。

2.3 大量应用 LED 主动发光技术

创新应用高新技术产品是保障安全出行的重要手段,根据《LED 主动发光道路交通标志》(GB/T 31446—2015),LED 主动发光标志与传统标志相比,能够在各种环境下被远距离视认,特别是遇到雾霾、雨雪等恶劣天气,行车无须开启远光灯,驾驶人便能对指路标志信息进行清晰视认。

从功能角度看,LED 主动发光标志在夜间的视认距离是传统标志的 2 倍,在不良天气状态下是传统标志的 4 倍。驾驶人无须降低车速就能在较远的距离对指路信息进行识别、认读,提前做出正确决策,有效地减少匝道出入口各车辆的速度差,降低了交通事故发生的概率。

从能源角度看,LED 主动发光标志采用太阳能、风能为供电源,能耗极低,不受地理位置影响,清洁、低碳、绿色符合可持续发展理念。

从经济角度看,LED 和反光膜技术结合应用,虽增加了 LED 材料的成本,但降低了反光膜技术中的高反光亮度成本,提高了标志整体性价比,社会效益和经济效益将相得益彰。

3 长春东互通立交指路标志改造案例

3.1 项目背景

长春东互通立交是京哈高速公路和珲乌高速公路相交的重要节点,京哈高速公路是首都北京到冰城哈尔滨的放射线高速公路,珲乌高速是由原国道主干线同三线支线长春—珲春段、国家重点公路长白山至阿尔山线长春—乌兰浩特段组成。

长春东互通立交位于长春市的东部,为全互通形式,北至哈尔滨市、南至沈阳市、西至长春市、东至吉林市,对巩固提升长春区位优势,促进长春乃至吉林全省经济发展至关重要。

3.2 指路标志视认性优化改造方案

长春东互通立交指路标志系统改造工程于 2015 年 9 月竣工,完成了对标志板版面、设置位置以及发光形式的全面优化升级,标志视认性显著提高,高速公路的管理水平、通行效率和环境品质均有所改善。

3.2.1 梳理指路信息,避免信息过载

为保证驾驶人在有限时间内认读完指路标志所传递的信息,标志板版面的

信息量应适中,不宜过载,且排列有序,便于认读。

如图 5 所示,改造前的出口地点方向标志布置存在如下问题:

(1)版面内容过多,地名级别混乱。既有省会城市"哈尔滨""沈阳"等一级信息,又有市辖区"双阳""一汽"等三级信息出现在版面中。

(2)指路信息的英文拼写存在问题。一汽英文翻译为"FAW Groupcorp",不规范,单词与单词之间没有空隙,认读困难。

(3)路名、地名信息排列不当。G1 国家高速路名信息在地名信息的左右两侧,不易区分,且不符合规范。

图 5　改造前出口地点方向标志

因此对现状匝道出口地点方向标志进行优化改造(图 6):

(1)长春东互通主线方向道路与被交道路均为高速公路,应多采用一级信息,舍去次要地名,增加重要城市地名,如地级市"白山""双辽"等。

(2)标志版面舍去英文与拼音,仅采用汉字表达,提高版面利用率和视认性。

(3)路名在上、地名在下,信息分行排列。当前道路信息增加长春南环、长春北环,且采用白底绿字相比绿底白字的地名,更凸显了绕城环线高速的概念,增强驾驶人的行车方向感。

图 6　改造后出口地点方向标志

3.2.2　体现标志信息连续一致性

驾驶人从珲乌高速公路或京哈高速公路驶至长春东互通立交出口的过程中,指路标志应提供连续的提示引导信息,内容统一,保证驾驶人"进得来,出得去"。

如图 7 所示,改造前的出口预告标志缺少直行指引信息,直行车辆认读信息中断,且长春市区东方广场在直行方向,现有标志指示错误。

图7 改造前出口预告标志

因此对现状出口预告标志进行优化改造：增加直行指引信息，更改东方广场、长春城区的指向。进一步明确位置方位，弱化机场文字，采用飞机图形标志，形象生动，直观易懂。改造后设计版面如图8所示。

图8 改造后出口预告标志

指路标志方案优化改造后，从桥型预告标志→出口预告标志→下一出口预告标志→出口处地点方向标志，都体现了信息的一致性和连续性，如图9所示。

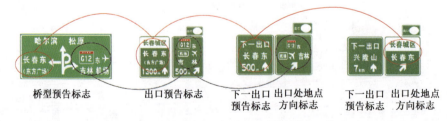

图9 改造后指路系统各标志前后呼应

3.2.3 LED主动发光技术的应用

长春市属北温带大陆性季风气候区,冬季寒冷漫长,且雾霾现象较严重,而普通反光膜指路标志在湿冷环境板面结露情况下、雨雪雾霾恶劣天气下视认性差。为避免不同驾驶人在辨清标志信息过程中产生速度差,减少标志信息在复杂环境下突显时对驾驶人带来的紧张情绪,长春东互通立交优化改造后的指路标志采用LED点阵式主动发光技术。

点阵式主动发光指路标志是将LED以镶嵌的方式固定在标志底板的表面上,勾勒出标志的图形轮廓或文字的笔画。

点阵式主动发光指路标志有以下优点:

(1)采用反光膜与LED相结合,突破依赖外部光源视认的局限性,兼顾到所有的道路使用者,在夜间、雨雾等恶劣天气能提高标志的可视距离。

(2)采用高亮度LED配以专门的光学透镜,具有极强的光透性和良好的耐候性。

(3)采用太阳能、风能供电,能耗低,可不受地理因素影响全天候工作。

(4)标志美观,发光像素柔和,在夜间对高速公路的行车环境起到美化亮化的作用。

采用LED主动发光技术后,指路标志即便在没有机动车远光灯照射的夜间也能被清晰视认。图10对比了发光标志信息在正视、45°仰角,以及60°仰角的视认效果,图11对比了发光标志信息在200m、50m不同距离下的视认效果。由此可见,采用主动发光技术后,指路标志的视认性得到全面改善,保证了驾驶人能在远距离、大角度条件下对标志信息进行清晰视认。并且也解决了传统逆反射标志,远光灯反射"光锥"存在的视角差异问题。

| 正视 | 45°仰角 | 60°仰角 |

图10 改造后的指路标志在不同观测角度下的视认效果

200m距离　　　　　　　　　　　　　50m距离

图11　改造后的指路标志在不同距离下的视认效果

4　结语

本文首先分析了高速公路指路标志视认性普遍存在的问题,然后提出相应的改善途径,最后结合实际工程案例,从标志信息选取、连续性设置,以及主动发光技术这三个方面提出长春东互通指路标志系统的优化改造方案,这对其他高速公路指路标志视认性的改善研究具有一定的借鉴意义。

当然标志视认性改善后其效果如何,还没有形成一套完整的评价体系,缺少定量研究和数据支持,很多客观影响因素未能准确确定其影响程度,这在今后还有待于重点研究。

参 考 文 献

[1]　裴玉龙,程国柱.高速公路车速离散性与交通事故的关系及车速管理研究[J].中国公路学报,2004,17(5):74-78.

[2]　钟连德.高速公路大、小车速度差与事故率之间的关系[J].北京工业大学学报,2007,33(2):185-188.

[3]　NEIL D LERNER. Additional Investigations on Driver Information Overload [R]. NCHRP 488,2003.

[4]　王建军,王娟,吴海刚.道路交通标志信息过载阈值研究[J].公路,2009(4):174-180.

[5]　樊大可,王建军,常振文,等.道路交通标志信息过载阈值的计算[J].长安大学学报,2009(6):82-87.

[6]　姜军,陆建,李娅.基于驾驶人视认特性的城市道路指路标志设置[J].东南大学学报(自然科学版),2010,40(5):1089-1092.

[7]　丁柏林,刘干.LED背光源道路交通标志研究[J].公路交通技术(应用技术

版),2015(4),215-217.
[8] 中华人民共和国国家标准.GB 5768.2—2009 道路交通标志和标线 第2部分:道路交通标志[S].北京:中国标准出版社.2009.9.67-106.
[9] 中华人民共和国交通部.高速公路网相关标志更换工作实施技术指南[M].北京:人民交通出版社.2007.
[10] 中华人民共和国国家标准.GB/T 31446—2015 主动发光道路交通标志[S].北京:中国标准出版社.2015.

南京市快速内环路指路系统改造应用研究

邹礼泉 刘干

摘要：指路系统是沟通人、车、路的纽带，但目前存在快速路附属设施的指路系统不完善和更新相对滞后等问题，严重制约了城市整体路网功能的发挥。特别是老城区快速路通常是在原有的道路基础上经过长周期、分段式改扩建形成，对指路系统的设计设置很难兼顾周边路网的整体科学合理布局考虑，缺乏连贯性、系统性，直接影响快速路的通行效率和秩序。本文以南京市快速内环路指路系统改造为研究对象，通过分析南京快速内环线指路系统存在的问题，用以明确道路管理名称、规范指引路径原则、采取创新光学模式，提出指路系统改造的方案。本研究旨在为城市快速路指路系统改造和后期快速路指路系统整体设计提供参考。

关键词：快速路改造；指路系统；主动发光标志；功能改善

Research of Rebuilding & Application for Traffic Guiding System of Nanjing Inner Ring Expressway

Zou Liquan Liu Gan

Abstract: Traffic Guiding Systems are links among human, vehicles and roadways. At mean time, the traffic guiding system of expressway is not in good condition and becomes relative lagging which restrict the functional development of whole city road network. The replacement of expressway for old districts is normally reconstructed on the basis of existing road system over a long period of time and section by section. The design & setting up of traffic guiding system are lacking integral consideration on adjacent road network which directly affect the efficiency and order of expressway. This paper analyses existing problems of Nanjing inner ring expressway and proposes plan for replacement of traffic guiding system by defining road management name, specifying road guiding principle and innovating optical mode. This research will provide experience for similar projects.

Keywords: replacement of expressway; traffic guiding system; self-luminous; functional improvement

0 引言

南京市快速内环路(以下称快速内环)始建于20世纪90年代,规划的"井"字形快速内环路,位于长江以南、绕城公路(二环快速路)以内区域,以新庄立交、古平岗立交、赛虹桥立交、双桥门立交4个互通立交为顶点,环绕南京老城主要区域,并放射状连接绕城公路。2014年"井"字形环线已基本成型,8条放射连接线(2条未建成)中,5条连接绕城公路,3条连接长江大桥、扬子江隧道(2015年通车)、南京长江隧道3条过江通道。快速内环线主线为双向6车道,设计车速60km/h(南线高架80km/h)。

1 快速内环指路系统现状分析

"井"字形快速内环路,只是规划上的概念,并未融入指路系统。快速内环指路系统是随着分路段、分阶段建设时在各交叉口设置了基本指引功能的指路标志,主要为单级信息指示。后期在使用过程中增加了部分以指示行驶车道行为的远程指路信息。但如此"打补丁"式的完善方式,造成指路系统混乱,路线识别、指引困难,直接影响快速路使用中的通行效率和秩序,也存在交通安全隐患。

快速内环指路系统问题主要是由于建设年代时间跨度大,没有统一的指路系统设计规则,不同时期建设的路段设计标准、风格差异较大,缺乏连续性、系统性、整体性,直接影响了快速路系统长距离交通疏解功能的发挥。

(1)缺乏系统性设计

"井"字形内环概念未在指路系统中体现。南京快速内环均在原有城市道路基础上改造,因此道路名称也沿用了原有路名,但使用原有路名存在原有路名只能指示地面辅道,无法区分主线;原道路路段长度较短,全线一般由多条道路组成;新增高架、隧道,又增加了多个地名等问题。如内环西线,全长14.5km,道路名称有19个,过多的名称使得指路目的地难以取舍,难以整体体现。表1为南京快速内环路名、建设年代对照表。

南京快速内环路名、建设年代对照表　　表1

	桥、隧、道路	建成时间(年)	地面道路(含辅道)
内环西线(建宁路至油坊桥立交)	大桥南路高架	1999	大桥南路
			盐仓桥广场
	虎踞北路高架	1999	虎踞北路
	古平岗立交南北跨线	1999	
	草场门隧道	1999(2014年改造)	
	清凉门—汉中门隧道	1999(2013年改造)	虎踞路
	水西门隧道	1999(2013年改造)	虎踞南路
	集庆门隧道	2002(2013年改造)	凤台路
	赛虹桥立交南北跨线	2003	
	凤台南路高架	2003	凤台南路
	凤台南路中段高架	2011	
	小行隧道	2011	
	油坊桥立交南北跨线	2011	
内环北线(扬子江大道至东杨坊立交)	扬子江隧道支线	2015	定淮门大街
			定淮门大桥
	古平岗立交东西跨线	2009	模范西路
	新模范马路隧道	2009	模范中路
			新模范马路
	玄武湖隧道	2004	玄武大道(新庄立交至东杨坊立交)
	新庄立交东西跨线	1999(2007年改造)	
	花园路高架	2008	
	王家湾高架	2008	
	环陵路立交东西跨线	1995	
内环东线(新庄立交至花神庙立交,红山路未快速化改造,未计入)	九华山隧道	2007	龙蟠中路
	西安门隧道	2007	
	通济门隧道	2007	龙蟠南路

续上表

	桥、隧、道路	建成时间(年)	地面道路(含辅道)
内环东线(新庄立交至花神庙立交,红山路未快速化改造,未计入)	龙蟠南路高架	2004	龙蟠南路
	双桥门立交南北跨线	2004	
	卡子门立交南北跨线	2009	雨花南路(雨花东路至雨花大道)
	机场高速连接线	1997	雨花大道
	花神庙立交南北跨线	2014	
内环南线(扬子江大道至大明路,东段未建成,未计入)	绿博园立交东西跨线	2009	应天大街
	应天大街高架	2004(中段),2009(西段)	
	赛虹桥立交东西跨线	2003	
	双桥门立交东西跨线	2004	

(2)建设年代不一,系统性较差

指路系统的设计随着建设年代的不一,设计标准也历经了《道路交通标志和标线》(GB 5768—1999、2009)和《城市道路工程设计规范》(CJJ 37—1990、2012)不同版本的更替,以及《城市快速路设计规程》(CJJ 129—2009)的发布等。而且不同建设的路段,均为独立设计、建设,缺乏统一的协调,造成设计理念、风格差异较大。

(3)指路标识形式单一,不能发挥应有的功能

仅有的指路标志,设计标准普遍偏低,标志板版面和支撑件的规格均过小。指路信息量偏少,重要信息缺失,后期对重要信息进行了不同内容和形式的增补,导致标志的视认性能、品质规格存在较大差异(图1、图2)。

图1 原指路标志(一)

图2　原指路标志(二)

(4)指示标识连续性差,标识遮挡严重

各快速路之间、每条快速路上下游路口、快速路主线和辅道指路缺乏承接和连续。而且指示多仅为分道口单级指示,缺少预告指示。

隧道入口等重要交通分叉点,各类交通设施密集,前后遮挡,失去指示作用,见图3。

图3　原东线隧道入口

2　改造方案设计思路

2.1　明确道路管理名称

明确定义快速内环四条主线名称为:内环西线、内环北线、内环东线、内环南线(名称对应见表1),吸收沿线的高架、隧道名称以及地面(主道和辅道共用段)主线道路名称。主要的高架、隧道名称保留,作为地名位置标识,以地名牌形式出现,弱化其在指路系统中的地位。体现出"井"字形快速内环的概念,优化系统连续性的指路信息内容,强调行车路径的方向性。

2.2 规范指引路径原则

一是分别定义"井"字形快速路 8 个连接线的远端重要交通枢纽为标志性目的地,作为全线连续指示目标,增强驾驶员进入快速路后的方向感。

二是指路标志的排列顺序以前方目的地由近到远按照自左至右、自上至下的原则,每块标志三条信息,主线道路前方信息采用绿底、当前信息采用白底,辅道采用蓝底,以方便驾驶员快捷视认(图4)。

图4　改造后古平岗立交入口

三是信息量较大的节点,远端重要信息不应缺失,在版面无法容纳时,以告示标志形式,设置单独的板面进行提示。

2.3 增加指路标志信息量

(1)设置先预告、再指示的两级指路标志。快速内环线考虑到城市环境品质、工程造价等因素,多采用短隧道、跨线桥的形式,进出采用地面交织段形式,多数地面交织段距离仅为 200～500m,无法实现二级预告,故选择单级预告,部分交织段距离较短的,适当调整预告标志和指示标志的间距、位置。

(2)预告标志设置形式,在地面道路采用长悬臂组合设置。高架道路由于没有大型标志杆件基础,无法增设大型标志,组合设置小型悬臂指路预告(图5、图6)。

图5 长悬臂预告标志

图6 高架道路短悬臂预告标志

2.4 融入创新光学模式

此次指路系统改造中,创新性地大量应用了太阳能供电的 LED 主动发光道路交通标志,同时首次使用国家交通安全实验室开放性课题《主动发光标志发光像素视觉融性研究》成果,主要解决了以下问题:

(1)隧道之间的交织段较短,有必要在隧道内增设指路预告标志。快速内环隧道多数长度较短(500～1000m),一般不设光过渡段,虽然设有灯光补充照明,但在晴朗天气,隧道内外光照度反差巨大。驾驶人进入隧道时间很短,视觉对隧道内较暗环境没有适应时间,因此短隧道内设置普通反光膜指路预告标志,驾驶人的视认性很差。对于快速内环玄武湖、九华山两条长隧道,隧道内设有匝道分道口,指路信息不可缺少,由于驾驶人进入城市隧道(有照明)没有开车灯的习惯,而且该类标志只有在开远光灯的条件才具备良好视认性(城市有照明道路行车开远光灯属违法行为)。隧道内标志全部采用了 LED 主动发光技术,在避免远光灯危害的同时保障了行车安全、提高了远距离视认性(图7)。

图7 隧道内主动发光指路标志

(2)地面、高架道路指路标志中的主要交通节点信息,采用LED主动发光技术,降低城市道路周边其他光源对标志的识别影响,改善夜间和恶劣天气下的视认性,大幅提高动态视认距离,有效补偿了只有一级预告标志的不足,提升了道路通行效率和环境品质(图8)。

图8　高架道路主动发光指路标志

(3)隧道和高架组成的快速内环形成了较多的弯道、匝道,弯道的转弯半径较小,匝道的平面相交处车流量较大,交通高峰期、夜间、雨雪雾等恶劣天气下存在明显的交通安全隐患。对此,弯道处的线形诱导标志、匝道处的合流分流警告标志和双侧通行标志均采用了主动发光技术,结合使用卫星无线遥感同步信号技术在弯道诱导标志实现有序连续发光,全天候的闪光模式大大提高了驾驶员的警惕性,有效减轻了交通安全隐患,预防交通事故发生,提高了通行效率(图9、图10)。

图9　弯道线形诱导

图 10　合流警告主动发光标志

2.5　整合设置快速路入口交通设施

合理化调整综合门架、信息屏、交通标志的设置位置,复杂路段入口的地面增设文字标志线提示目的地(图11)。

图 11　改造后隧道交通设施综合门架

2.6　"瓶颈"绕行平衡路网负荷

针对路网中的瓶颈路段和节点,指路系统中体现绕行线路,提高通行效率,平衡周边路网通行负荷,挖掘道路资源,弥补道路不足。

如内环西线、内环南线西段往南京南站,原指示路线为路程较短的双桥门立交、卡子门立交一线,但双桥门立交西向南方向较为拥堵。而内环西线南段、油坊桥立交、绕城公路一线通行状况较好,距离略长于双桥门立交一线,为平衡路网通行负荷,将内环西线、内环南线西段往南京南站方向,在指路系统中安排向油坊桥立交、绕城公路方向,实现交通流引导意图。

2.7 预留出入口统一编号

为今后交通智能化、导航设备的应用,本次改造方案预留了出入口统一编号。

3 方案实施效果

依照如上所述设计方案,本项目一期已于 2014 年 3 月完成,一期完成改造西线 10.6km、北线 8km、东线 13km、南线 9.6km,占已建成快速内环里程的 79.8%。

3.1 道路运行情况

全市机动车保有量 204.5 万辆(截至 2014 年 12 月),较 2013 年同期增长 14.38%,快速内环年平均日交通量及高峰时段流量分别较 2013 年增加了 3.15%、7.88%,平均车速,略有下降,平峰和高峰分别为 2% 和 4.5%(按各路段长度所占全线的权重计算)。考虑交通量增长因素,交通流运行状况有改善。参见表 2、表 3 和图 12。

快速内环年平均交通量(单位:pcu)　　　　表 2

路 段		2014 年		2013 年	
		24 小时流量	高峰小时流量	24 小时流量	高峰小时流量
南线	应天大街高架	158540	10040	149650	9760
东线	通济门隧道	108757	6987	109952	6680
	西安门隧道	110731	7010	113306	6643
	九华山隧道	117866	7040	126845	7553
北线	玄武湖隧道	144551	10941	141832	10476
	新模范马路隧道	93915	6805	90629	6055
西线	虎踞北路	68548	5101	46198	2816

快速内环平均车速(单位:km/h)　　　　表 3

路 段		平 峰		高 峰	
		2014 年	2013 年	2014 年	2013 年
内环南线		40.59	44.76	20.06	26.59
内环东线	通济门隧道	43.67	44.34	18.26	19.87
	西安门隧道	46.55	47.03	19.08	20.66
	九华山隧道	51.06	50.49	22.09	26.27

续上表

路　段		平　峰		高　峰	
		2014年	2013年	2014年	2013年
内环北线	玄武湖隧道	50.47	51.23	19.25	19.83
	模范马路隧道	48.08	49.47	21.09	19.34
内环西线		50.21	49.76	28.06	28.01

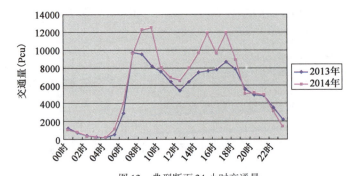

图12　典型断面24小时交通量

样本日期:2013.10.9,2014.10.15,地点:内环北线青石村

3.2　交通安全情况

改造前的2013年6~12月和改造后的2014年6~12月,较大事故起数和伤亡人数,在改造后分别下降7.69%、35.1%。

夜间行车安全情况,改造前后的2014年1月和2015年1月分别进行采样,晚间和夜间18:00~次日6:00,备案交通事故起数,在改造后下降15.12%。

快速内环在交通量快速增长的背景下,运行情况保持平稳,安全性得到较大幅度提高,尤其是造成人员伤亡的交通事故和夜间行车安全性改善明显,道路的管理水平、通行效率和环境品质均得到提升。

4　结论

(1)科学统一指路系统的设置标准、风格、原则。城市快速路建设周期长,时间跨度大,不同时间建设的标准、设计风格易出现差异。指路系统一旦建成改造难度就很大,而且改建成本一般要接近甚至超过重建的造价。因此,在快速路规划之初就应当设置合理的指路系统建设规则,在陆续建成的快速路中依照规划设计指路系统,形成连贯、合理的指路标志、标识系统。

（2）引入管理名称,解决整体性问题。管理名称,仅作为主线的统一命名,只用于指路系统中,辅道仍用原有道路名称,回避了更改现有地名的问题,现有地名与管理名称不冲突、不矛盾。实施之初与地名委员会进行沟通。

（3）隧道内指路标志以及其他指路标志中重要信息,采用 LED 主动发光技术,大幅提高视认性,并很大程度上弱化了反光膜的作用。此时如考虑工程造价,可适当降低标志反光膜的等级。

（4）以现行规范为基础,结合实际特点。短隧、短桥连接、出入口间距小、交织段距离超规范等。两级指引,近远点结合。地面增加目的地文字提示,与指路标志呼应。

（5）通过指路系统的设计,实现交通流引导的意图,平衡路网交通压力。

（6）合理利用现有资源。此类建成道路指路系统的改造受限制的因素较多,只能在有限空间内合理利用现有资源同时考虑方案的优化,并且在交通功能、施工难度、施工期间的交通组织、景观以及与周围已有交通设施等方面综合分析。

参 考 文 献

[1] 周蔚吾.城市道路与高速公路衔接指路标志设置指南[M].北京:人民交通出版社,2009.

[2] 唐琤琤,侯德藻,姜明,等.道路交通标志和标线手册[M].北京:人民交通出版社,2009.

[3] 周蔚吾.公路和城市交通优化改造设计实例[M].北京:知识产权出版社,2008.

[4] 2014年南京市主城区道路交通流分析年度报告[R].南京市交通管理局,2015.

主动发光型道路交通标志与反光膜型道路交通标志的对比分析

徐 骁　马静洁　丁正林

(公安部交通管理科学研究所,江苏 无锡 214151)

摘要：伴随着 LED 以及太阳能新能源等技术的快速发展,使得不同类型的新型主动发光道路交通标志被逐渐应用到实际道路上。本文通过实验室对比测试,将主动发光型道路交通标志与反光膜型道路交通标志的光学特性进行对比分析,最后得出不同类型标志的相关应用建议,从而创造出更安全、更高效的城市道路行车环境。

关键词：交通标志；反光膜型；主动发光型；光学特性

0　引言

近年来,我国城市道路中开始应用不同发光类型的主动发光型道路交通标志,特别是随着 LED 技术的快速发展,进一步促进了主动发光型道路交通标志的应用,2015 年,国家质量监督检验检疫总局、国家标准化委员会发布国家标准《LED 主动发光道路交通标志》(GB/T 31446—2012)[1],规定了采用主动发光方式制作的,符合《道路交通标志和标线　第 2 部分:道路交通标志》(GB 5768.2—2009)[2]规定的警示标志、指示标志、指路标志、禁令标志、辅助标志、施工防护等道路交通标志的相关性能。但是,从欧美发达国家现阶段应用情况来看,道路交通标志多采用增加外部照明光源,从而提高反光膜型交通标志的光度性能,同时应用荧光反光膜的形式,尚未应用提出主动发光的道路交通标志。本文对目前国内外主动发光型交通标志现状进行简要阐述,同时通过光学特性具体参数,将其与反光膜型道路交通标志进行对比研究,从而得出两者的优缺点,在实际应用中充分发挥不同发光类型道路交通标志的优势,进一步提升道路安全性。

1 道路交通标志的发展和应用现状

1.1 反光膜型道路交通标志的发展与应用现状

反光膜型道路交通标志是利用反光膜的反光膜型光学特性,向交通参与者传递交通标志的图形符号、颜色和文字等特定信息,用于管理交通、保障道路交通安全的设施。我国在道路交通标志的使用历史要追溯到解放前1934年,当时曾经规定27种标志。解放后1955年国务院批准,公安部发布《城市交通管理规则》将交通标志分为警告标志、禁令标志和指示标志三类,共有28种。1972年公安部、交通部联合发布了《城市和公路管理规则》,规定了34种标志图符。1986年颁布的《道路交通标志和标线 第2部分:道路交通标志》(GB 5768.2—1986)国家标准中,共规定148种交通标志。目前实施的《道路交通标志和标线 第2部分:道路交通标志》(GB 5768.2—2009)是在原有国标的基础上进行修订的。

目前国内外普遍应用的是反光膜型道路交通标志。在正常条件下,通过汽车前照灯的照射和反光材料的反光膜型特性,提高驾驶人对道路交通标志的识别效果;在环境照度差的条件下,则通过外加补光装置以提升驾驶人对道路交通标志的识别。因此,国内外还未普遍应用主动发光标志。

1.2 主动发光型道路交通标志的发展与应用现状

主动发光型道路交通标志是指国家标准《道路交通标志和标线 第2部分:道路交通标志》(GB 5768.2—2009)中规定的主动发光形式的警示标志、指示标志、指路标志、禁令标志等交通标志。我国公安部于2005年颁布实施了《太阳能道路交通标志》(GA/T 580—2005)[3]行业标准,为主动发光型道路交通标志国家标准的发布实施打下了基础,而主动发光道路交通标志国标由国家标准化委员会于2009年正式立项,2015年《LED主动发光道路交通标志》(GB/T 31446—2015)发布与实施,规范了主动发光标志的技术要求,推动了主动发光型道路交通标志的发展与应用。

国内主动发光型道路交通标志主要采太阳能供电形式的LED点阵发光型、部分信息发光型、全部信息发光型主动发光交通标志,美国、日本等发达国家主要采用反光膜型道路交通标志外加外部照明光源的形式。

2 反光膜型道路交通标志与主动发光型道路交通标志光学参数对比

2.1 测试目的

本测试主要以交通标志板表面亮度为对比参数,实验室内标准 A 光源模拟夜间城市道路汽车前照灯[4],用亮度计测试在不同照射角度下[5],反光膜型道路交通标志不同照射角的表面亮度[6]。

2.2 测试样品

反光膜型道路交通标志:符合国家标准中的警告标志、禁止标志和指示标志各 1 套。表面的贴有 V 类微棱镜结构的反光膜。

主动发光型道路交通标志:符合国家标准中全部信息发光的标志警告标志、禁止标志和指示标志各 1 套,表面贴有 V 类微棱镜结构的透光反光膜。

2.3 测试

在光学暗室实验室,将反光膜型交通标志垂直安装在实验转台上,按表1照度值的调整 A 光源的工作电流,并测试 10m 处基准轴上各个照度。在表1的照度条件的 A 光源投射下,分别测试各个反光膜型标志照射角 -4°、15°和 30°的表面亮度并记录数据见表1。

A 光源照射下反光膜型道路交通标志表面亮度(单位:cd/m²)　　表1

照度(lx)	黄 色			白 色			红 色			蓝 色		
	-4°	15°	30°	-4°	15°	30°	-4°	15°	30°	-4°	15°	30°
0.12	16	9	4.4	14	14	11	8	9	6	1	1	1
0.54	44	30	13	45	40	27	24	26	19	5	3	2
1.3	31	70	30	122	102	71	64	61	35	14	7	3
3.5	249	153	71	248	195	118	68	53	19	33	16	6
9.8	797	531	263	886	689	403	423	371	214	125	64	23
15.4	1302	861	442	1445	1097	691	651	576	345	220	149	51
21	1688	1124	564	1847	1378	895	841	744	434	297	157	69
25	1844	1212	595	2030	1560	942	910	792	479	333	168	76

将主动发光标志按同样方法安装在实验转台上,接通电源处于正常工作状

态下,单颗 LED 工作电流为 15mA,关闭 A 光源,直接测试各个主动发光标志的 $-4°$、$15°$ 和 $30°$ 表面亮度并记录,见表2。

正常工作状态下主动发光型道路交通标志表面亮度(单位:cd/m^2)　　表2

照度(lx)	黄 色			白 色			红 色			蓝 色		
	$-4°$	$15°$	$30°$	$-4°$	$15°$	$30°$	$-4°$	$15°$	$30°$	$-4°$	$15°$	$30°$
0	242	255	342	281	282	321	23	26	17	17	17	20

2.4　数据结果比对分析

众所周知,反光膜型道路交通标志的工作原理是依靠外部光源的照射,以不同的角度返回光线,使人眼接收到相关信息。因此,从两类标志的测试数据中也发现,随着照射光强度的增大,标志表面的亮度也随之增强。因此外部光源的光强对反光膜型标志的可视性有着重要的影响。而主动发光标志表面的亮度不因照射角的变化而变化。图1、表3和表4所示为汽车前照灯的配光要求和各区的照度数值要求,我们发现汽车前照灯在近光状态下,标志安装区域Ⅲ区和Ⅳ区的光照要求较低,照射区域集中在Ⅰ区和Ⅱ区的各个测试点上,此时反光膜型标志表面的各个颜色的亮度远大于主动发光标志上表面亮度。在分析远光状态下的照度时,配光要求中各个区域上的照度要求应大于等于4lx,如表1所示,从测试数据中发现,反光膜型标志的光度特性被充分激发,数据结果变化较大,因此在汽车前照灯处于远光状态下,反光膜型标志有更好的可视性。结合表2对比主动发光标志表面亮度的测试数据,可以看到主动发光型标志在各个角度的表面亮度值,与近光灯照射下的反光膜型标志表面最大亮度值是相当的。

汽车远光灯在配光屏幕上的照度要求(单位:Lx)　　表3

测试点或区域	A 级前照和 SB 灯光组	B 级前照灯和 HSB 灯光组
E_{max}	≥ 32	≥ 48 且 ≤ 240
HV 点	$\geq 0.80 E_{max}$;$\geq 0.90 E_{max}$[a]	$\geq 0.80 E_{max}$
HV 点至 1125L 和 R	≥ 16	≥ 24
HV 点至 2250L 和 R	≥ 4	≥ 6

[a] $0.90 E_{max}$ 适用于 SB 灯光组。

汽车近光灯在配光屏幕上的照度要求（单位：Lx）　　　表4

Ⅲ区中任何点	≤0.7	≤0.7
Ⅳ区中任何点	≥2	≥3
Ⅰ区中任何点	≤20	≤$2 \cdot E_{50R}$[b]

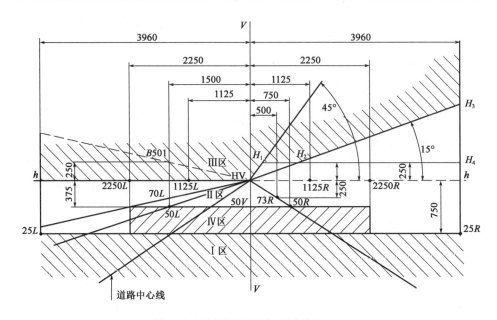

图1　汽车前照灯配光要求（尺寸单位：mm）

2.5 测试结论

在不允许使用远光照射的条件下，在驾驶人视野范围内，主动发光型道路交通标志要比反光膜型道路交通标志具有更高的发光亮度，同时具有更大的视认角度。

3 应用建议

通过实验室对比测试，主动发光型道路交通标志的确有着更好的视认性。但从道路交通标志的可靠性和经济性等方面综合考虑，主动发光型道路交通标志在实际应用中可能会出现各种问题，如电池过饱和或亏电降低使用寿命，LED元器件老化导致产品不能稳定工作等，这些都需要我们在安装后投入更多的资金和人力来保证标志的正常工作。因此，要实现全路段安装主动发光型道路交通标志还需要我们提高相关技术。但是，在城市道路交通事故多发路段，本着以人为本的交通理念,相关管理部门可适当安装和使用主动发光型道路交通标志,提高驾驶人的识别能力,减少夜间城市道路远光灯的使用,确保道路交通安全。对道路交通标志的表面发光亮度研究只是光学性能参数研究中的一个方面,对于其他参数的研究我们将会在之后的研究中进行探究。

参 考 文 献

[1] 中华人民共和国国家标准.GB/T 31446—2015 LED主动发光道路交通标志[S].北京:中国标准出版社,2015.

[2] 中华人民共和国国家标准.GB 5768.2—2009 道路交通标志和标线 第2部分:道路交通标志[S].北京:中国标准出版社,2009.

[3] 中华人民共和国行业标准.GA/T 580—2005 太阳能道路交通标志[S].北京:中国标准出版社,2005.

[4] 中华人民共和国国家标准.GB 4599—2007 汽车用灯丝灯泡前照灯[S].北京:中国标准出版社,2008.

[5] 中华人民共和国国家标准.GB/T 18833—2012 道路交通反光膜[S].北京:中国标准出版社,2012.

[6] 丁柏林,等.LED背光源道路交通标志研究[J].公路交通科技,2015,(4):215-217.

LED主动发光交通标志的经济性研究

黄小芳　贾志绚　苏家仲

(太原科技大学　交通与物流学院,山西　太原　030024)

摘要:以价值工程理论为基础,对 LED 主动发光交通标志的成本及经济效益进行了分析研究,并以安装了全真模仿警车警示主动发光标志的某高速公路特定路段为例进行了实际的经济性分析,证明 LED 主动发光交通标志能有效提高交通安全效益,值得进一步推广与普及。

关键词:交通标志;主动发光;经济性;价值理论

我国道路交通标志行业起步较晚,直到 20 世纪 80 年代末才开始将研发于 20 世纪初的反光膜技术应用于该行业,并在 1999 年完成了《道路交通标志和标线》(GB 5768—1999)的第 1 次修订,如今反光膜道路交通标志已被广泛应用于公路[1]。驾驶员对反光膜标志的识别、认读必须借助光的照射与逆反射。在视认性能严重不足的夜间及雨雪、雾霾等能见度低的恶劣天气条件下,驾驶员需要开启车辆远光灯才能清楚认读标志内容,而违规开启远光灯是造成交通事故的重要原因,给出行人们的人身财产安全带来了极大的威胁[2]。据统计,2011 年我国由于违规使用远光灯造成的交通安全事故占总事故的 30% ~40%[3]。因此,高亮低压、高寿低能耗的主动发光标志在弥补反光膜标志缺陷方面具有很好的前瞻性,只是目前仍处于试用阶段。在市场中,产品的性价比是影响其推广与普及的重要因素,故对影响 LED 主动发光交通标志性价比最关键因素的产品经济性展开研究意义重大[4]。笔者以安装了南京赛康公司设计研发的全真模仿警车警示主动发光标志的某高速公路特定路段为例,主要利用价值工程理论对主动发光标志的成本及经济效益进行了研究,以期为 LED 主动发光交通标志的推广和普及提供参考和借鉴。

1 价值工程理论分析

价值工程(Value Engineering,简称 VE,)是指通过对产品功能的分析与评价,合理配置产品功能与成本的关系,以达到降低成本、提高产品功能的目的。采用数学公式可以科学地将其表示为:

$$V = \frac{F}{C} \tag{1}$$

式中:V——产品的价值;
　　F——产品的功能;
　　C——产品的成本。

产品的功能与成本的关系可以用曲线表示,见图 1。图中显示出当寿命周期成本(总成本)处于最小值 C_{min} 时,产品功能达到一个适当的水平,即点 (F_0, C_{min})。

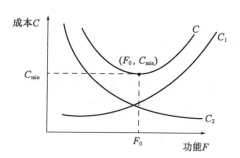

图 1　产品功能与成本的关系
C-寿命周期成本(总成本);C_1-生产成本;C_2-使用成本

由式(1)和图 1 可看出,降低产品的寿命周期成本(总成本),提高产品经济性的有效途径有:①基于原成本提高产品功能,即 $V\uparrow = F\uparrow/C\rightarrow$,这也是现实生产中常用的方法;②产品功能大幅提高而成本降低,即 $V\uparrow\uparrow = F\uparrow/C\downarrow$,这是最理想的途径;③在技术成熟时,基于原产品功能降低生产成本以提高总利润,即 $V\uparrow=F\rightarrow/C\downarrow$;④在略提高成本的基础上,对产品进行多功能创新,即 $V\uparrow=F\uparrow\uparrow/C\uparrow$;⑤日常大量消费的大众化产品,可在稍减产品功能的基础上通过大幅降低生产成本来获得更大利益,即 $V\uparrow=F\downarrow/C\downarrow\downarrow$。[5]

2 LED 主动发光交通标志的经济效益分析

2.1 成本分析

将 LED 发光二极管和反光膜技术结合应用于主动发光交通标志,主要增加了 LED 材料成本,但大大降低了反光膜技术中的高反光亮度材料成本。

反光膜标志牌主要由标志底板和表面反光膜组成,其生产成本 C 可表示为:

$$C = C_{底} + C_{膜} \tag{2}$$

式中: $C_{底}$——标志底板的成本,元;

$C_{膜}$——表面反光膜的成本,元。

LED 主动发光标志牌主要由标志底板、表面反光膜、发光元件(LED)、蓄电池(太阳能主动发光标志)和控制器组成,其生产成本 C 可表示为:

$$C = C_{底} + C_{膜} + C_{元} + C_{控} + C_{蓄} \tag{3}$$

式中: $C_{底}$——标志底板的成本,元;

$C_{膜}$——表面反光膜的成本,元;

$C_{元}$——发光元件(LED)的成本,元;

$C_{控}$——控制器的成本,元;

$C_{蓄}$——蓄电池的成本,元;如为非太阳能主动发光标志可省略 $C_{蓄}$。

LED 主动发光标志所使用的反光膜在实际应用中并无等级上的严格要求,而市场上Ⅰ类反光膜与Ⅳ类反光膜的价格差约 100 元/m³,与Ⅴ类反光膜的价格差更是高达 250 元/m³。随着 LED 技术和蓄电池生产工艺的不断成熟,其成本也日趋稳定低廉,因此 LED 主动发光标志技术虽新,但成本却并不高昂。如果采用市电供电,则其生产成本更是与高亮度的反光膜标志几乎等同,但视认距离却是反光膜标志的 2~4 倍,大大提高了道路交通的安全性,减少了交通事故的发生率[6]。此外,在后期的护理与能量消耗中,使用市电的主动发光标志只比反光膜标志多出电能的成本,根据 $V\uparrow=F\uparrow\uparrow/C\uparrow$ 原理,在略提总成本的基础上 LED 主动发光标志的经济性得到了大大提高。

从寿命长短角度看,LED 主动发光标志的使用寿命与反光膜标志相当,甚至更长。反光膜标志的等级分类见表1。LED 主动发光标志的分类见表2。

反光膜标志等级分类 表1

类别	结构	名称	使用寿命(年)	适用性
Ⅰ类	棱镜埋入式玻璃珠型	工程级反光膜	7	永久性交通标志和作业区设施
Ⅱ类	透镜埋入式玻璃珠型	超工程级反光膜	10	永久性交通标志和作业区设施
Ⅲ类	密封胶囊式玻璃珠型	高强级反光膜	10	永久性交通标志和作业区设施
Ⅳ类	微棱镜型	超强级反光膜	10	永久性交通标志、作业区设施和轮廓标
Ⅴ类	微棱镜型	大角度反光膜	10	永久性交通标志、作业区设施和轮廓标
Ⅵ类	微棱镜型,有金属镀层		3	轮廓标和交通柱,无金属镀层时也可用于作业区设施和字符较少的交通标志
Ⅶ类	微棱镜型,柔性材质		3	临时性交通标志和作业区设施

LED 主动发光标志分类 表2

分类	视认距离(m)	使用寿命(年)
点阵式主动发光交通标志	动态≥260,静态≥300	7~10
LED 背投式主动发光标志	动态≥210,静态≥250	5~10

将表1、表2进行对比可以看出,LED 主动发光标志的使用寿命一般在5年以上,而Ⅵ类和Ⅶ类反光膜标志的使用寿命较短,一般仅为3年。

2.2 维修护理

LED 主动发光标志需要维修和更换的元件主要有发光二极管(LED)、蓄电池和控制器。这些元件不仅轻便,安装简易,而且在长达5年以上的寿命周期中也易于定期维护。

2.3 效益分析

在交通运输项目的效益中,道路交通标志所带来的效益主要是直接效益,表现为通过减少事故损失,提高交通安全的效益[7]。提高的交通安全效益 B 可表示为:

$$B = P_{sh}(J_w - J_y)M \quad (4)$$

式中:B——提高交通安全的效益,万元;

P_{sh}——交通事故平均损失费,万元/次;

J_w、J_y——无项目和有项目时的事故率,次/万车;

M——交通量,万车/日。

可采用净现值法[5]对项目的优劣进行评价,根据文献[5]具体表示为:

$$NPV = \sum_{t=0}^{n}(CI-CO)_t(1+i_0)^{-t}$$

$$= (CI-CO)_{t=0} + A'\left[\frac{(1+i_0)^n-1}{i_0}\right]$$

$$= (CI-CO)_{t=0} + A'(P/A, i_0, n) \quad (n \geq 1) \quad (5)$$

式中: NPV——净现值;

CI——现金流入量;

CO——现金流出量;

A'——净现金流量;

$(P/A, i_0, n)$——等额分付现值系数,其中 i_0 为基准投资收益率,n 为计算期,$(P/A, i_0, n)$的取值可由文献[5]中查得。

现以南京赛康公司设计研发的、主面层按照1:1比例全真模仿的警车警示主动发光标志为例,对 LED 主动发光标志的经济特性进行分析。该警示标志采用太阳能蓄电池供电方式,在连续阴雨条件下,满载工作时间大于120h;电子器件采用单片微型计算机程序控制、进口 LED 发光器件和太阳能电池等部件组成;整体使用寿命10年,蓄电池使用寿命2~3年;市场价格4000元/台左右。将其安置在事故多发地段替代警车执勤,不仅能大大节省高速公路警务人员的人力物力支出,而且无须外接电源,仅靠太阳能蓄电池即可完成自主供电,放置时间长达24h,较一般的烧油供电警车更加经济实惠。

该类标志经过全国多地实际试用后证明,其布设能够有效降低道路交通安全事故率,大幅度提高道路交通安全效益[1]。例如,某高速公路自2011年9月设置了20处仿真警车警示主动发光标志后,特定路段上发生的交通事故与未设置主动发光标志时相比下降了至少60%[1]。据公安部交通管理局统计,我国在2011年共发生210812起道路交通事故,死亡62387人,受伤237421人,带来的直接经济损失共107873.0349万元[8]。根据资料显示,2011年全国高速公路年平均日交通量为18941辆/日[9]。若以此平均日交通量作为该高速公路特定路段的日交通量,则其安装主动发光标志后所提高的交通安全效益为:

$$B = P_{sh}(J_w - J_y)M = \frac{107873.0349}{210812} \times 0.6 \times 18941 \times 10^{-4}$$

$$= 0.5815(万元/日) \quad (6)$$

由式(6)可知,该高速公路特定路段每天能省下因交通事故引起的损失高达0.5815万元,每年能节省212.2475万元。仿真警车警示主动发光标志的市场价约为0.4万元,设立20处该种标志的总成本约为8万元,每块标志牌每年

LED主动发光交通标志的经济性研究

的安装与维修护理费约为 0.55252 万元,则 20 处标志牌每年的安装维护费共计 11.0504 万元。该标志项目的现金流量见图 2。

图 2 项目现金流量图

当基准收益率为 10%[10],寿命周期为 10 年时,由文献[5]中可知其等额分付现值系数为 6.14457。此时,由式(5)及图 2 可得:

$$NPV = -8 + A'(P/A, 0.1, 10) = -8 + (212.2475 - 11.0504) \times 6.14457$$
$$= 1228.3(万元) > 0 \tag{7}$$

由式(7)可知,该项目的净现值为 1228.3 万元,说明该项目实施后的经济效益除了达到 10% 的收益率外,与未设置项目前相比,在寿命周期内还可以减少 1228.3 万元的现值损失。

因此,根据 $V\uparrow = F\uparrow\uparrow/C\uparrow$ 可知,采用 LED 主动发光标志与采用反光膜标志相比,前者所带来的价值要远远大于其高出的成本。从经济学的角度看,LED 主动发光标志也是非常值得推广和普及的。

3 结论

LED 主动发光标志的发展与创新,对防止夜间及雨雪雾霾等恶劣天气条件下因道路交通标志视认特性不足、违规使用远光灯等原因造成交通安全事故有很大的帮助。使用市电的主动发光标志在成本上仅比高亮度的反光膜标志多出极少的电耗成本,而其所拥有的高亮度、高交通安全效益性及低能耗,使得 LED 主动发光标志推广前景广阔。

参 考 文 献

[1] 刘干.道路交通安全之交通标志从"被动反光"到"主动发光"[DB/OL]. (2015-02-01)[2016-05-25]. http://wenku.baidu.com/link?url=2Rjkd1s-1DO6Dmr7hVOW36sh6nzFVMKd2LXEgAgOFzejCWT0mxprpYskbR6NQLSDUy_MukbV1UxHZe-3N7dkoJeYr5SQX1NqiE8xjK10RiC.

[2] 丁柏林,刘干,马健霄,等.LED 背投式主动发光指路标志的研发[J].道路交通科学技术,2015(1):34-39.

[3] 陈琳.夜间行车远光灯会车法律问题研究[J].法制与社会,2014(23):71-72.

[4] 施杰,萧泽新,孙政.光电仪器结构设计中的经济性研究[J].光学技术,2007,33(Sup1):291-292.

[5] 李南.工程经济学[M].4版.北京:科学出版社,2013:28-282.

[6] 王思雨.LED内照式主动发光交通标志[J].交通技术,2015,4(6):90-96.

[7] 黄有亮,徐向阳,谈飞,等.工程经济学[M].3版.南京:东南大学出版社,2002:246-254.

[8] 刘松,赵健淳.公路改扩建道路设计的安全问题[J].科技创业家,2014,1(下):234.

[9] 交通运输部综合规划司.2011年公路水路交通运输行业发展统计公报[EB/OL].(2012-05-01)[2016-04-25].http://www.docin.com/p-1006652093.html.

[10] 幽兰.建设项目经济评价方法与参数[M].3版.北京:中国计划出版社,2006:65-74.

LED主动发光交通标志的视认性试验研究与分析

黄小芳　贾志绚　卓亚娟

（太原科技大学　交通与物流学院，山西　太原　030024）

摘要：为帮助驾驶员赢得更多反应操作时间从而提高行车安全性，研究分析交通标志的视认性，尤其是夜间视认性。以太原市中环路试设的LED主动发光指路标志及同规格的反光膜标志作为研究对象，分别在昼夜条件下对其视认特性开展试验研究。研究表明，驾驶员对标志的视认性与外界环境及驾驶员自身条件有关；LED主动发光交通标志在白天与夜间的视认性相差甚微，但其在夜间的视认距离明显优于反光膜标志，是反光膜标志的1.3~1.9倍；LED主动发光标志的设计应用可显著提高夜间的视认性。

关键词：发光二极管（LED）；主动发光交通标志；反光膜标志；视认距离；影响因素

Experiment research of legibility about LED active luminous traffic signs

Huang Xiaofang　Jia Zhixuan　Zhuo Yajuan

(School of Transportation and Logistics, Taiyuan University of Science & Technology, Taiyuan Shanxi 030024, China)

Abstract: In order to help drivers win more operating time and improve traffic security, the legibility (especially the night's) of traffic signs was researched. The LED active luminous guide signs which were design to trial on the middle ring road of Taiyuan city and the same specification of reflective film signs were regarded as research object. The research of legibility was made both on LED active luminous traffic signs and reflective film signs under different experiment conditions of the day and night. The results show that the legibility of traffic signs which recognized by drivers is related to external environment and driver's condition. The legibility of LED active luminous traffic signs in day and night has little difference, but much better than the legibility of reflective film signs at night, which is 1.3 ~ 1.9 times. The design and application of LED active luminous traffic signs can significantly improve its legibility at night.

Keywords: light emitting diode (LED); active luminous traffic signs; reflective film signs; legibility distance; influence factor

0 引言

在低能见度下交通标志的视认距离下降较快,无形中压缩了驾驶员的反应操作时间,对出行者的人身财产安全构成重大威胁[1]。因此,提高驾驶员在低能见度下对交通标志的视认性意义重大。

目前,我国多地增设发光二极管(Light Emitting Diode,LED)交通标志的试用点,并对其安全视认性的相关参数进行跟踪研究,此为当前研究的热点之一[2]。夏如艇等[3]探讨 LED 主动发光标志的视膨胀现象,认为标志的表面照度及对比度和其视认率成正比,年老者对标志的视认与视觉功能相关联;周群[1]研究主动发光诱导设施,证明其在能见度低时能有效增加高速公路的通行效率和安全性;尼玛卓玛等[4,5]探讨新型主动发光警示诱导系统,证明该系统对夜间行驶有警示诱导作用,能有效降低交通事故率。美国斯坦福国际咨询及研究所的视觉感知计划及国内公路科学研究院的道路交通标志标线视认性及设置方法研究项目从人机工程学角度展开理论与试验研究[6]。这些试验研究多基于虚拟环境,试验结果受人为因素影响的比重较高。

鉴于此,从实际道路环境及驾驶员自身因素出发,以太原市中环路试设的 LED 主动发光指路标志及同种规格的反光膜标志为研究对象,利用手持激光测距仪对标志的视认特性开展研究,期望能为改善道路交通安全提供支持。

1 交通标志视认特性理论

驾驶员视认交通标志需经历发现、认读、理解和行动等过程,而完成这些动作需消耗一定的时间和行驶距离。图1为驾驶员对标志的理论视认过程。图2为视认标志的消失距离[7]。

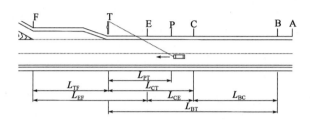

A-视认点;B-始读点;C-读完点;P-消失点;E-行动点;T-标志位置;F-动作完成点;L_{PT}-消失距离,m;L_{TF}-标志前置距离,m;L_{CT}-读完点到标志距离,m;L_{EF}-行动距离,m;L_{CE}-判断距离,m;L_{BC}-读标志距离,m;L_{BT}-视认距离,m

图1 标志的理论视认过程

Figure.1 Theoretical process of sign reading

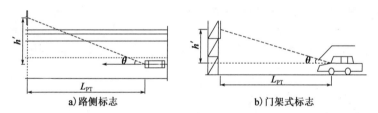

a) 路侧标志　　　　b) 门架式标志

图2 标志的消失距离

Figure.2 Disappearance distance of sign

行动距离L_{EF}表达式[7]:

$$L_{EF} = L_{CT} + L_{TF} - L_{CE} \geqslant (n-1)L' + 1/2a(v_1^2 - v_2^2) \quad (1)$$

$$L_{EF} \geqslant L_{PT} = h'/\tan\theta \quad (2)$$

$$h' \leqslant L_{EF}\tan\theta \quad (3)$$

式中:n——车道数;

L'——变换一次车道所需距离,m;

a——减速度,m/s^2;

v_1——接近标志车速,m/s;

v_2——出口匝道分匝部、交叉口、危险点等处的速度,m/s;

h'——驾驶员视高(1.2m)到标志的侧距或标志上方的高度,m;

θ——消失点与路侧标志的夹角($\theta = 15°$)或道路上方标志的夹角($\theta = 7°$)。

判断距离 L_{CE} 表达式[7]:

$$L_{CE} = t' \cdot v_1 \quad (4)$$

式中: t'——判断时间(取 $2 \sim 2.5s$),s。

标志前置距离 L_{TF} 表达式[7]:

$$L_{TF} \geq (n-1)L' + 1/2a(v_1^2 - v_2^2) + t'v_1 - L_{CT} \quad (5)$$

$$L_{CT} = 5.67K_1K_2K_3h \quad (6)$$

式中: h——实际文字高度,m;

K_1——文字修正系数,9 画内的汉字,$K_1 = 0.6$;拉丁字母时,$K_1 = 1.2$;

K_2——汉字复杂性修正系数,汉字笔画小于 10 时,$K_2 = 1$;$10 \sim 15$ 画时,$K_2 = 0.9$;15 画以上时,$K_2 = 0.85$;

K_3——行车速度修正系数,据车速选取。

认读时长与标志的视认特性密切相关,所谓视认特性是指驾驶员通过视觉感知,能正确、完整的辨别标志信息的难易程度[7]。另外,驾驶员在静、动态环境下的视力截然不同,动视力一般比静视力低10%~20%,特殊时为30%~40%[8]。据研究[9],机动车驾驶员的矫正视力不应低于0.7,年老者的视力仅为年轻者的65%。图3为驾驶员理论视力与标志物移动速度的关系[10],可见车辆行驶速度越高,人的动视力越弱,车外事物可见时间越短,行车安全性越低[11]。

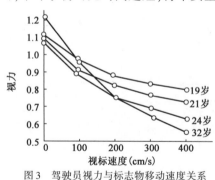

图 3 驾驶员视力与标志物移动速度关系

Figure. 3 Relationship between driver's dynamic visual acuity and marker movement speed

2 试验设计与过程

试验路段的设计车速多为80km/h,个别路段为60km/h。沿线试设的LED主动发光指路标志的汉字高50cm,符合国家设计标准[7]。选用4000mm ×

3000mm 规格的指路标志作为试验对象。

2.1 试验方案

试验分动、静态测试，LED 标志与反光膜标志的试验方法一致。静态试验时驾驶员以正常状态行走，在能够辨清标志时停下，测试员用激光测距仪测定静态视认距离，记录员做好记录；动态试验时间均选在平峰时段，基本为自由驾驶状态，测试时驾驶员以正常速度行车，在能够辨清标志时立即告知测试员（存在驾驶员反应时间 t_1），测试员用激光测距仪测定动态视认距离（存在测试员听觉反应时间 t_2 和仪器反应时间 t_3），记录员做好视认距离及相应车速的记录。

图 4 为动态试验测试图，驾驶员对标志的动态视认距离 L_D 为：

$$L_D = L_{BG} + L_{GH} + L_{HO} + L_{OT} \tag{7}$$

式中：L_{BG}——驾驶员反应距离，m；
L_{GH}——测试员听觉反应距离，m；
L_{HO}——仪器测试反应距离，m；
L_{OT}——仪器读取距离，m。

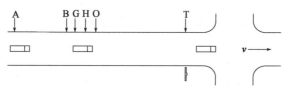

图 4　动态试验测试
Figure. 4　Dynamic test chart
G-告知点；H-测试点；O-测出点

由此可知，仪器读取的视认距离要比驾驶员的实际视认距离短。由于试验中对各类标志的测试方法相同，测试员与测试设备不变，且测试设备的反应时间不受车速影响，t_1、t_2、t_3 内的行驶距离可认为是系统常量，在进行各类标志的视认距离分析时可只比较仪器读取的视认距离。

试验选取的 50 名驾驶员分别在昼夜状态下进行试验测试，其中女性 15 人，男性 35 人，18~30 岁 6 人，31~40 岁 20 人，41~55 岁 24 人，矫正视力均在 1.0 以上，有 36 人为职业出租汽车驾驶员。为降低记忆因素对视认结果的影响，试验过程中由测试员指定视认信息位置。

2.2 试验流程

基于安全性和试验数据的准确性及有效性，试验过程做如下处理：

(1)向驾驶员介绍试验目的及注意事项后,若驾驶员表示无能力完成该项任务,为确保行驶安全及试验测试的有效性,要另择驾驶员进行试验。

(2)为避免驾驶员带任务驾驶出现不习惯、不适应,与正常驾驶状态不相符的情况,将前3块LED主动发光指路标志及相同规格反光膜标志的测试作为预备试验处理,待驾驶员进入正常行驶状态后的测试数据作为正式试验数据。

(3)将试验数据汇总,筛选并去除由偶然因素如弯道、建筑物遮挡、眩光、其他车辆补光等引起误差过大的数据,再对有效数据进行分析研究。

(4)通过数据处理得到不同条件下LED标志及反光膜标志的视认特性。

3 视认特性试验数据分析

试验发现,白天时LED标志与反光膜标志的视认距离基本相同。基于此,主要研究夜间时车辆行驶速度与驾驶员年龄、性别、驾龄及视力等因素对LED、反光膜标志视认性的影响。

3.1 车辆行驶速度与视认性关系

限于试验环境,车辆行驶速度以40~80km/h(以5km/h为间隔)为试验测试速度点。试验结果如图5所示。

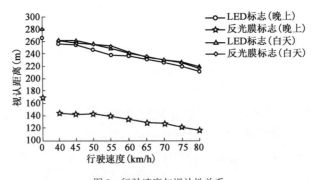

图5 行驶速度与视认性关系

Figure.5 Relationship between driving speed and visual cognition

由图5可知,静态视认距离最长,随速度的增加,动态视认距离变短,且夜间时同速度反光膜标志的视认距离仅约为LED标志视认距离的58%,白天时两者的视认距离差别不大。其中,在行驶速度小于70km/h时,视认距离变化较小(变化率约为1%),行驶速度在70~80km/h范围内的视认距离变化较明显(变化率约为3%)。

3.2 驾驶员年龄与视认性关系

试验获得的年龄与视认性关系如图6所示。

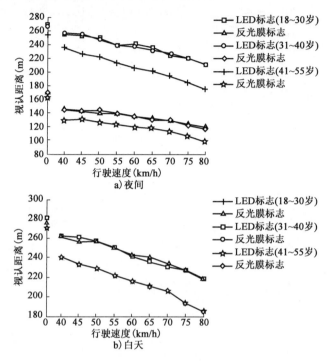

图6 驾驶员年龄与视认性关系

Figure.6 Relationship between age and visual cognition

由图6可知,18~30岁与31~40岁2个年龄段驾驶员的视认距离无显著差异,41~55岁年龄段与前2个年龄段相比,静态视认距离相差较少,动态视认距离差异明显,仅约为前两者的85%。此外,40岁之后人的静视力有所下降,动视力下降更显著,视认能力也明显降低,这和已有研究[9]结论一致。由图6a)可知,夜间时LED标志的视认距离要比同速度反光膜标志的视认距离平均多出约98m;由图6b)可知,白天时两者的视认距离几乎相同。

3.3 驾驶员性别与视认性关系

试验获得的性别与视认性关系如图7所示。

由图7可知,男性与女性的静态视认距离无显著差异,而动态视认距离的差异随速度的增加逐渐增大,特别是夜间时两者对反光膜标志的视认距离差异更明显。另外,由图7a)可知,速度相同时LED标志的视认距离比反光膜标志的视认距离平均多出约88m;由图7b)可知,白天时两种标志的视认距离相差甚微。由此可知,男性对标志的动态视认性要优于女性。

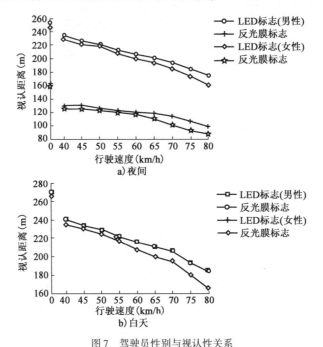

图7　驾驶员性别与视认性关系

Figure. 7　Relationship between gender and visual cognition

3.4　驾驶员驾龄与视认性关系

试验获得的驾龄与视认性关系如图8所示。

由图8a)可知,驾驶员在夜间时对LED标志的均动态视认距离约高出同速度下反光膜标志均动态视认距离96m;由图8b)可知,白天时两者的均动态视认距离基本相同。另外,各驾龄驾驶员的静态视认距离无显著差异;随驾龄的增加(10年以下),驾驶员的动态视认距离逐渐增加,其中两年驾龄驾驶员的视认距离最短,而拥有10年以上驾龄驾驶员的动态视认距离差异甚微,从心理学角度看,可能是紧张心理使人眼瞳孔收缩引起的。因此,10年以下的驾龄对标志视认性的影响较明显。

3.5　驾驶员视力与视认性关系

有研究表明[12],90%以上的信息是由驾驶员视觉提供的,说明视力情况与驾驶员的视认特性密切相关。试验获得的视力与视认性关系如图9所示。

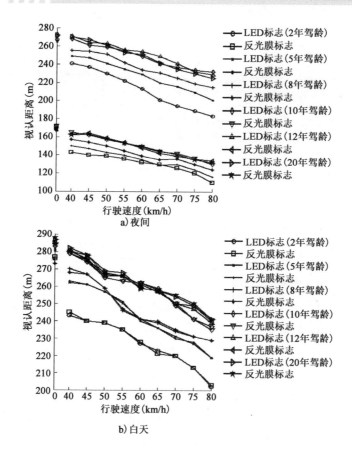

图 8 驾驶员驾龄与视认性关系

Figure. 8 Relationship between driving and visual cognition

由图 9a)可知,驾驶员在夜间时对 LED 标志的均视认距离明显高出同速度反光膜标志均视认距离约 75m;由图 9b)可知,白天时两者的视认距离无显著差异;且无论白天或夜晚,驾驶员近视度数越高(矫正视力均为 1.0),对标志的动态视认距离越短,高度近视驾驶员在夜间时对反光膜标志的视认距离仅约为白天的 65%。可见,驾驶员视力对视认性的影响极大。

综上试验研究表明,试验结果较切合实际,各因素对驾驶员视认标志都有一定影响,属年龄及视力对视认性的影响较突出。由图 5 ~ 图 9 得出,驾驶员在夜间时对反光膜标志的视认距离比白天时明显下降约 40%,尽管受上述因素影响,驾驶员对 LED 标志在夜间时的视认距离只略低于白天,而约为夜间时反光膜标志视认距离的 1.3 ~ 1.9 倍,这为驾驶员赢得宝贵的反应操作时间。

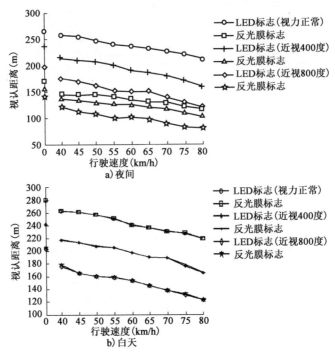

图 9 驾驶员矫正视力与视认性关系

Figure. 9 Relationship between vision and visual cognition

当前驾驶员老龄化问题日益突出,与此同时,手机、电脑的大量、长时间使用,使人们视力严重受损,近视比例大幅度增加[13,14]。为保证交通安全,提高交通设施的可视性任重道远,当下 LED 主动发光标志不失为一种较好的解决方案。

4 结论

(1)车辆行驶速度与驾驶员年龄、性别、驾龄及视力等因素对驾驶员视认性都有影响,年龄和视力的影响最显著。

(2)白天时驾驶员对 LED 标志和反光膜标志的视认距离差异甚微,而夜间时差异显著,视认距离约是反光膜标志的 1.3~1.9 倍。夜间时驾驶员对反光膜标志的视认距离约比其白天时下降 40%,而 LED 标志的视认距离几乎与其白天时相同,能大幅度提高夜间行车安全性。

(3)LED 标志的设计应用可显著提高其夜间视认性,可较好地应对驾驶员老龄化、大比例近视的趋势,对优化行车安全具有很好的发展潜力。

(4)受经费制约,试验样本数相对较少,应进一步充实数据做深入分析,并开展雨雪雾霾等恶劣天气下 LED 标志的视认性研究。

参 考 文 献

[1] 周群.低能见度下主动发光诱导设施设置研究[D].西安:长安大学,2014.
ZHOU Qun. The research of active light-induced facility set under low visibility [D]. Xian: Changan University,2014.

[2] 张宁,何铁军,高朝晖,等.道路场景中交通标志的检测方法[J].交通运输工程学报,2008,8(6):104-109.
ZHANG Ning,HE Tiejun,GAO Zhaohui,et al. Detection method of traffic signs in road scenes[J]. Journal of Traffic and Transportation Engineering,2008,8(6):104-109.

[3] 夏如艇,王昕,毛云峰,等.LED 交通标志的视认性研究[J].照明工程学报,2015,26(6):112-116.
XIA Ruting,WANG Xin,MAO Yunfeng,et al. Study on identification of traffic signs with LED[J]. Journal of China Illuminating Engineering,2015,26(6):112-116.

[4] 尼玛卓玛.基于视觉功效法的主动发光诱导设施安全性研究[J].公路交通科技,2011,28(12):7-9.
NIMA Zhuoma. Safety research of active light induction facility based on visual efficacy method[J]. Journal of Highway and Transportation Research and Development,2011,28(12):7-9.

[5] 宋杰,张杰,杜戈.驾驶员夜间行车视觉增强新技术[J].公路,2013,42(3):140-144.
SONG Jie,ZHANG Jie,DU Ge. New technology of driver's vision enhancement at night[J]. Highway,2013,42(3):140-144.

[6] 陈娜,张俊友,姬全健.基于虚拟现实技术的交通标志视认性实验分析方法[J].重庆交通大学学报:自然科学版,2014,33(4):134-136.
CHEN Na,ZHANG Junyou,JI Quanjian. Experimental analysis method of traffic sign legibility based on virtual reality technology[J]. Journal of Chongqing Jiaotong University :Natural Science ,2014,33(4):134-136.

[7] 中华人民共和国国家标准.GB 5768—1999 道路交通标志和标线[S].

[8] 孟祥海,李洪萍.交通工程设施设计[M].哈尔滨:哈尔滨工业大学出版社,

2012:35-45.

MENG Xianghai, LI Hongping. Design of traffic engineering facilities[M]. Harbin: Harbin Industrial University Press,2012:35-45.

[9] 贾梅.公路反光标志夜间可见性研究[J].公路交通科技,1997,14(3):48-54.

JIA Mei. Research on the night time visibility of highway retroreflective signs[J]. Journal of Highway and Transportation Research and Development,1997,14(3):48-54.

[10] 任福田.新编交通工程学导论[M].北京:中国建筑工业出版社,2011:12-23.

REN Futian. Introduction to new traffic engineering[M]. Beijing: China Building Industry Press,2011:12-23.

[11] 张宗福,范新泉.机动车驾驶员感觉与安全行车的重要性[J].湖南农机,2009,36(1):55-58.

ZHANG Zongfu,FAN Xinquan. The importance of motor vehicle drivers feel in security driving[J]. Hunan Agricultural Machinery,2009,36(1):55-58.

[12] ZHAO Weihua, CHEN Hao, YU Qiang, et al. Study on optimization of night illumination in expressway long tunnels[J]. Discrete Dynamics in Nature and Society,2012,2012(3):1951-1965.

[13] MUTSUOKA Y,NAKAMURA Y,KOBATAKA T. Effective medical examination of VDT workers using a new testing method of ocular alignment[J]. Journal of Medical Systems,1998,22(2):63-68.

[14] 刘波.视疲劳的原因分析与矫正策略研究[D].重庆:第三军医大学,2014.

LIU Bo. The pathogenesis and Prevention strategies of asthenopia[D]. Chongqing: Third Military Medical University,2014.

雨雾天气条件下主动发光面板视认性能研究

彭一川[1]　陆　键[1]　李崇奕[1]　刘　干[2]

(1.同济大学　道路与交通工程教育部重点实验室,上海市　201804；
2.南京赛康交通安全科技股份有限公司)

摘要：为探究主动发光面板在雨雾天气条件等恶劣环境下的视认效果,本文首先从主动发光面板的国内外研究进展和发展现状进行了阐述,然后介绍了基于实际道路的驾驶实验设计,通过进行对比实验分析研究了在雨雾天气下主动发光面板视认距离性能。研究结果表明,主动发光面板在雨雾天气下的视认距离比逆反射标志提升显著,其中半透式发光标志的视认性能最佳,点阵式次之。推荐采用常亮半透式发光标志。

关键词：交通安全；雨雾天气；主动发光面板；视认性能；半透式；点阵式

Research on the Recognition Performance of Active Luminescent Signs in Rainy and Foggy Weather Conditions

Abstract: In order to explore the effect of active luminous signs in poor conditions such as rain and fog weather conditions, this paper first elaborated the development status of active luminous signs and the progress of research in the world. Then, it introduced the driving experiment design based on actual road and compares the viewing distance of each traffic sign. The results show that the viewing distance of the active luminous signs is significantly higher than that of the retro-reflective sign in rain and fog weather conditions, among which the bright transflective sign is the best and dot-matrix sign followed. It is recommended to use bright LED transflective signs.

Keywords: traffic safety; rain and fog weather; active Luminescent signs; viewing distance; variance analysis; transflective; dot-matrix

0 引言

随着社会现代化的快速发展,我国道路的建设越来越多,而路况以及行车环境也愈加错综复杂,交通问题异常严峻。其中一个主要的原因就是配套设施不完善,缺少向道路使用者提供足够有效的用路信息[1],从而不能做出正确有效的决策导致交通事故的发生,这样的情况在恶劣天气能见度差条件下尤甚[2]。通过对交通标志、交通标线、交通信号灯、减速设施、防撞设施、隔离设施等基础性交通安全设施工程的技术创新,实现主动提前预防道路交通事故的发生,改善并提高道路交通安全管理水平,是欧洲、美国、日本、韩国等发达国家普遍采用的手段[3],但我国在基础性交通安全设施应用方面尚处于起步阶段[4]。

在交通标志的分类上,交通标志主要分为传统的逆反射发光标志、点阵式主动发光道路标志和 LED 背光源发光标志三种[5,6]。采用主动发光技术的交通标志等交通安全设施,摆脱了对外部光源照射的依赖,在恶劣天气条件下,减少了光路的繁杂传播。在国标《道路交通标志和标线 第 2 部分:道路交通标志》(GB 5768.2—2009)中规定在夜间主动发光标志应确保具有 150m 以上的视认距离,对恶劣天气下的视认距离并无明确规定。对于交通标志的研究,很多研究者对交通标志的易读性测量方法进行研究,对标志的字体大小、标志位置、字体的宽度和间距、颜色和对比度等指标进行分析[7]。除此之外,与环境因素有关的交通标志的视认性的研究,张国辉等人对发光标志在夜间视认性进行了对比性研究,认为主动发光标志的夜间视认效果优于传统逆反射发光标志[8];马艳等人则在比较分析传统的道路交通标志视认性评测手段的基础上,基于驾驶模拟器对各类环境的交通标志进行视认性测评[9];王艳军等人结合高速公路提出了指路标志视认性改善研究和方法[10]。目前,对于主动发光面板的视认性研究主要集中在标志的静态影响因素,在动态影响因素中围绕着夜间视认性较多。而在雨雾天气下,主动发光标志与逆反射标志的视认距离对比方面,则缺少实地实验数据的分析。

本次研究针对雨雾天气条件下传统逆反射标志和主动发光面板视认性进行

对比试验，得到相关数据成果结论，同时给出主动发光面板技术的一些改善性建议，为该项技术今后能进一步提升我国道路交通安全服务水平提供技术支撑。

1 实验设计

实验分为两部分，其中第一部分实验分析在雨雾天气下的直行路段，半透式发光标志半透式相对于传统逆反射标志是否对驾驶员的指路视认性产生积极的影响。第二部分实验分析在雨雾天气下的弯道路段，点阵式发光标志相对于传统逆反射标志是否对驾驶员的指路视认性产生积极的影响。

各实验部分的自变量为各标牌的发光形式，因变量为各标牌的视认距离。试验组一主要针对指路标牌的半透式面板和传统逆反射面板(图1)实验组二主要针对指示标牌的点阵式面板和传统逆反射面板(图2)。

图1　半透式标牌　　　　　　　图2　点阵式标牌

2 实验流程

第一组实验为直线路段半透型标志和传统逆反射测试，第二组实验为弯曲路段点阵式标志和传统逆反射测试。在每组测试实验过程主要包括，入口参考点选取，启动记录仪，记录视认点和关闭记录仪。实验流程如图3所示。

3 数据分析

对实验二的样本数据进行分析，主动发光标志的视认距离提升效果如图4所示，发光指路标牌的视认距离比不发光指路标牌提升72.4%，样本在半透式指路标牌测试中平均视认距离55.559m，在相同环境下的传统逆反射指路标牌中平均视认距离为30.598m。

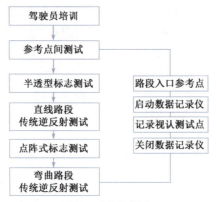

图 3 实验流程图

对实验二的样本数据进行分析,主动发光标志的视认距离提升效果如图 5 所示,点阵式指示标牌的视认距离比传统逆反射指示标牌提升 61.6%,样本在点阵式指示标牌测试中平均视认距离为 61.897m,在相同环境下的传统个逆反射指路标牌中平均视认距离为 49.674m。

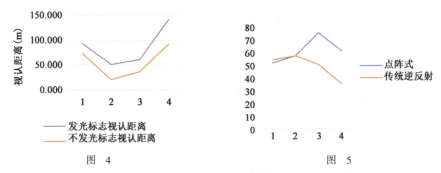

图 4   图 5

结合以上有效样本数据分析,如图 6 所示得到雨雾天气下,直线路段半透式

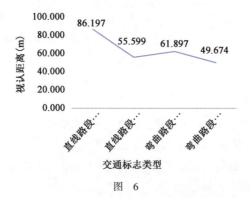

图 6

指路标牌平均视认距离为86.197m,直线路段传统逆反射指路标牌平均视认距离为55.509m,弯曲路段点阵式指示标牌平均视认距离为61.997m,弯曲路段传统逆反射指示标牌平均视认距离为49.674m。

4 试验结论与建议

4.1 试验结论

通过对本次实验结果的归纳以及数据的计算分析,得到以下实验结论:

(1)在恶劣天气较低能见度的条件下,主动发光标志优于逆反射标志,直线路段的交通标志视认性优于弯曲路段的交通标志。在直线路段上,半透性面板相对于传统逆反射面板在驾驶人视认距离上可以提升72.4%;在弯曲路段上,点阵式面板相对于传统逆反射面板在驾驶人视认距离上可以提升61.6%,直接改善了交通标志在恶劣天气条件下的视认性能。

(2)随着试验距离的增加,尽管主动发光标志较于传统逆反射标志的视认性优势有所下降,但较远距离的视认性是及时地获取交通标志信息关键,对行车安全至关重要,因此在恶劣天气条件下,主动发光标志仍是首选。

4.2 标志改进建议

尽管在本次试验中发现主动发光标志具有较好的视认性,但在这一过程中也发现了一些可以进一步改进的问题,由此提出了相应的改进建议以期主动发光标志能更好地服务于道路使用者的安全,例如:

(1)恶劣天气条件下,交通标志视认不清的一个重要原因是光在传播过程中发生了漫发射现象,因此对光源的预先处理以及标志牌表面结构的改善等才能使其聚光能力和穿透性更强。

(2)标志的发光强度与周围环境亮度以及色彩对比等影响视认效果,因此标志的发光强度可以根据这些因素进行可变化的设计,尤其当恶劣天气条件下能见度较低时对发光强度进行合理调节,既不造成人眼刺激也能更好地体现标志效果。

参 考 文 献

[1] 裴玉龙,王炜.道路交通事故成因及预防对策.北京:科学出版社,2004.

[2] 朱岩,等.低能见度下高速公路主动诱导技术的应用[J].中国交通信息化,2016(06):83-85.

[3] E.,R.L.,et al. An Architecture for Traffic Sign Management in Smart Cities. in 2016 IEEE 30th International Conference on Advanced Information Networking

and Applications (AINA). 2016.

[4] Z., Z. Y., W. S. F. and Z. W. Present Situation of Yunnan Province Mountain Area Highway Traffic Safety Facilities Investigation and Comprehensive Analysis. in 2013 Fifth International Conference on Measuring Technology and Mechatronics Automation. 2013.

[5] 丁伯林,等. LED 背光源道路交通标志研究[J]. 公路交通科技(应用技术版),2015(04):第215-217页.

[6] 周德凯,等. 基于背光源的新型主动发光交通标志研究[J]. 森林工程,2017(02):第76-82页.

[7] Forbes,T. W.,T. E. Snyder and R. F. Pain,TRAFFIC SIGN REQUIREMENTS. PART 1. REVIEW OF FACTORS INVOLVED, PREVIOUS STUDIES AND NEEDED RESEARCH. Highway Research Record,1965.

[8] 张国辉,等. LED 主动发光标志夜间视认性研究[J]. 公路交通科技(应用技术版),2017(02):第254-257页.

[9] 马艳. 基于驾驶模拟器的交通标志视认性评测研究. 2007 第三届中国智能交通年会. 2007. 中国上海.

[10] 王艳军,等. 高速公路指路标志视认性改善研究与实践[J]. 交通与运输(学术版),2015(02):第152-155页.

[11] 桂零,袁黎,蔡明杰. 基于人类工效学的指路标志视认性研究[J]. 交通运输研究,2016(05):第33-38页.

[12] 董锐. 高速公路施工作业区交通标志视认性研究[D],长安大学. 2011.

[13] 苏文英,李丹. 道路交通标志逆反射性能与夜间视认性[J]. 公路交通科技,2009. 26(2):第114-119页.

[14] 胡立伟. 冰雪条件下道路交通标志驾驶视认性研究[C]. SEMC 2011 V4. 2010.

LED主动发光标志视认性能研究

陆 键[1] 徐 韬[1] 彭一川[1] 刘 干[2]

(1.同济大学 道路与交通工程教育部重点实验室,上海市 201804;
2.南京赛康交通安全科技股份有限公司)

摘要:为探究LED主动发光交通标志在光照条件差等恶劣环境下的视认效果,本文首先阐述了主动发光标志的国内外研究进展和发展现状,然后介绍了基于实际场地的驾驶实验,运用方差分析研究了各个影响因素对于视认距离影响的显著性及其交互作用。基于驾驶模拟器进行了视认性能对比实验,根据采集到的驾驶行为数据计算得到各类交通标志的视认距离,并通过配对样本T检验比较了半透式发光标志与逆反射标志的视认性能。研究结果表明,主动发光标志在夜间的视认距离比逆反射标志提升显著,其中半透式发光标志的视认性能最佳,点阵式次之,且发光标志的最佳亮度区间随着环境亮度变化而变化。另外,闪烁发光对于标志的视认性能并无提升,因此推荐采用常亮LED半透式发光标志。

关键词:交通安全;LED主动发光标志;视认距离;方差分析;半透式;点阵式

Research on the Recognition Performance of Active Luminous Signs

Abstract:In order to explore the effect of LED active luminous traffic signs in poor conditions such as poor lighting, this paper first elaborates the development status of active luminous signs and the progress of research at home and abroad. Then, it introduces the driving test based on actual sites and compares the viewing distance of each traffic sign with different influence factors. Variance analysis was used to study the influence of each factor on the viewing distance and its interaction. On the basis of this, the driving simulator test is carried out, and the viewing distance of each kind of traffic sign is calculated by the collected driving behavior data. Paired sample T test was used to compare the performance of the trans flective LED sign and the retro reflective sign. The results show that the viewing distance of the active luminous sign is significantly higher than that of the retro reflective sign at night, among which the transflective LED sign is the best. And the optimum luminance interval of the luminous sign changes with the ambient brightness. In addition, the recognition performance is not improved with flashing light. It is recommended to use bright LED transflective signs.

Keywords: traffic safety; LED active luminous sign; viewing distance; variance analysis; transflective; dot-matrix

0 引言

近年来,随着 LED 发光二极管的快速发展与普及,越来越多的研究和工程人员致力于将 LED 发光技术运用于交通标志等交通安全设施,以期望在视认性能严重不足的夜间及雨雪、雾霾等能见度低的恶劣天气条件下,能够避免道路交通事故的发生和减轻事故的伤亡严重程度。

关于交通标志的亮度与易读性的关系,国外学者已经进行了数十年的研究并得出了丰富的结论。Smyth[1]发现在实验室条件下,交通标志的理想亮度区间为 $17 \sim 115 cd/m^2$。Allen 等人得出了相近的结果,并系统研究了环境亮度、标志牌光均匀度、对比度和文字内容的大小对于视认性能的影响[2-4]。20 世纪 90 年代以来,LED 在材料和制造工艺等方面取得了长足进步,其亮度和照明效果均胜过白炽灯[6-8]。21 世纪初,在交通标志主动发光领域,霓虹灯和荧光灯运用最为广泛,相比之下 LED 在亮度、功耗、使用寿命方面都有一定的优势[9]。也有一些研究发现,LED 的照明效果会随着时间的推移而降低,特别是对于基于荧光体的指示型白光 LED 而言,照明效果取决于一系列因素,包括驱动电流、温度和湿度[10-13]。

国内对于 LED 主动发光标志的研究起步较晚,但也取得了一些研究成果。丁伯林等人研究设计出了一种 LED 背光源内部照明式指路标志,并介绍了该标志的结构、光学模式、光源设计、优缺点,针对光源设计给出了理论计算及计算机模拟结果,并在实际应用中得以验证[14,15]。盛莉莉[16]对自发光交通标志的亮度、对比度进行了分析,提出了自发光式交通标志最佳亮度范围与对比度值,具有一定的参考价值。张国辉[17]等人采用实车实验的形式,记录实验人员对指路标志的视认距离,并通过数据分析发现,主动发光标志比逆反射标志的视认距离提升了 63%。关于 LED 发光标志在国内的实践运用和效果评价,目前也有了一定的进展[18,19]。

当前对于 LED 主动发光标志的研究主要集中于标志的亮度、对比度等参数的理论设计,而在主动发光标志与逆反射标志的视认距离对比方面,还缺少足够的实地和模拟驾驶实验数据的分析。

1 简介

LED 主动发光交通标志,是指利用 LED 发光二极管原理制作而做成的,用来起到交通路网信息作用的显示屏。直至 21 世纪初多数交通标志设施仍以光线定向回归逆反射材料技术为主。反光材料制造的交通标志设施是在有光源照射的条件下被动反光,起到视觉识别的作用,而在没有光源主体照射的情况下,夜间没有任何识别作用。在雨、雾等恶劣天气条件下,视觉识别的距离取决于光源主体的照射亮度,严重影响着车辆行人的方向和情况识别。而利用日趋成熟的 LED 技术制成的主动发光标志光线穿透力强,可视距离远,可满足恶劣天气条件,有效降低交通事故发生;且自带光源,可照顾到所有交通主体。

目前应用比较广泛的 LED 主动发光标志主要包括点阵式和背光式发光两种。点阵式 LED 交通标志是将 LED 灯珠以某一固定间距插在标志板上,当 LED 灯珠点亮时形成光点,若干个光点形成发光线条,再由线条勾画出图形轮廓或文字的笔画。如图 1-1 所示。半透式发光标志主要采用 LED 阵列作为背光源透过正面镂空的铝制型材和棱镜型反光膜发光,最后粘贴显示字形的深色反光膜,白天保留了逆反射的性能,夜间主动发光,如图 1-2 所示。

本研究涉及的点阵式和半透式 LED 发光标志均执行《LED 主动发光道路交通标志》(GB/T 31446—2015)国家标准。研究第一部分依托同济大学校内实验场地,记录六种类型交通标志设施在不同条件下视认距离的影响差异并进行统计分析。第二部分借助驾驶模拟器模拟实验场景,采集驾驶行为数据,计算出实验人员的视认距离并作为指标来衡量各个交通标志牌的使用效果。本文通过实验数据的统计分析比较了主动发光标志与逆反射标志的视认性能,以期为主动发光标志的工程实践提供参考,减少或避免交通事故的发生。

图 1-1 点阵式发光标志

Figure 1-1 Dot-matrix LED sign

图 1-2 半透式发光标志

Figure 1-2 Transflective LED sign

2 基于试验场地的驾驶实验

实验依托于同济大学试验场地,针对指路、限速、禁鸣、禁停、红外感应注意行人、弯道诱导等六种类型交通标志设施,通过比较驾驶员的有效视认距离,分析传统逆反射技术与主动发光技术对于交通安全的影响差异,并对于六种不同类型交通标志设施提出最优的主动发光标志形式。

本实验中的主动发光标志主要应用于城市主干道,根据我国住房和城乡建设部行业标准《城市道路工程设计规范》(CJJ 37—2012)相关要求,城市主干道设计速度包括三个等级:60km/h、50km/h、40km/h。基于此并综合考虑校内实验路段的具体情况,将车速控制在40km/h。道路线形方面,实验道路是一段长直路段加转弯路段。根据《道路交通标志和标线 第2部分:道路交通标志》(GB 5768.2—2009)的规定,将限速、指路、禁鸣、禁停、注意行人标志安装于直线路段,弯道诱导标志安装于转弯路段。

2.1 实验方案

本次实验共考虑指路、限速、禁鸣、禁停、注意行人、弯道诱导等六种类型交通标志设施。每种标志考虑三种不同的发光形式,即传统逆反射、点阵式主动发光和半透式主动发光三种,其中点阵式主动发光和半透式主动发光都有常亮、闪烁快、闪烁慢三种发光频率,且分别在下午5点(光照度约为200lux)和晚间8点(光照度约为0.1lux)进行实验。

实验流程如下:

(1)在实验道路的相应位置上分别安装限速、禁鸣、禁停、注意行人等标志;所有标志的安装位置均符合《城市道路工程设计规范》(CJJ 37—2012)要求。

(2)20名驾驶员(所有被试的矫正视力均在1.0以上)分别在试验道路起

点加速至指定速度,在可以看清交通标志时报告视认交通设施标志及其内容,采用十轴惯性传感器采集高精度时间序列速度值,经过数据处理得到视认距离,参见图2-1。

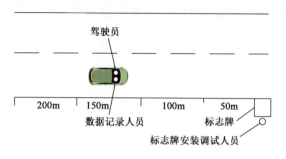

图2-1 试验路段平面示意图
Figure 2-1 Schematic Diagram of Test Section

2.2 数据汇总

实验过程中,当驾驶员找到目标内容并说出相关信息后,数据采集人员会操作传感器配套软件开始采集数据,填写实验记录表格,记录驾驶员编号,标志内容等信息。六种试验标志的驾驶员有效视认距离均值见表2-1(所有数据均按照四舍五入的方法取整数)。

六种试验标志的驾驶员有视认距离均值　　　　　　表2-1
Average Viewing Distance of the Six Traffic Signs　Table 2-1

发光类型	逆反射		点 阵 式					半 透 式				
时间	白天	夜晚	白天			夜晚		白天			夜晚	
闪烁频率	—	—	—	快	慢	—	快	慢	—	快	慢	
视认距离	180	82	182	182	185	116	108	104	183	183	184	148	144	140
禁鸣标志	182	82	184	183	187	106	102	101	186	186	187	138	134	131
禁停标志	175	78	177	179	178	112	104	100	176	180	180	144	140	136
注意行人	173	78	176	176	174	115	104	101	177	177	175	140	136	132
指路标志	198	101	201	201	198	128	122	118	205	203	199	150	146	142
弯道诱导	198	108	208	205	202	142	138	135	210	207	204	144	140	138

2.3 数据统计分析

本实验的自变量是发光类型(逆反射、点阵式、半透式)、时间段(下午5点、晚上8点)和闪烁频率(无、快、慢),因变量是视认距离。每个自变量都是定性指标,且存在两个或两个以上的水平,因此采用方差分析的统计方法,研究各个影响因素对于标志视认距离影响的显著性。另外,由于某个自变量在另一个自变量的不同水平上的效果可能有所不同,例如半透式发光在晚间对于视认距离的提升比下午可能更加显著,因此需要考虑不同因子之间的交互作用。

以限速标志为例,首先做图 2-2 展示各个条件下标志的视认距离均值和标准差,可看出视认距离标准差在 1~4m,且标志在闪烁情况下的标准差比常亮更大。进一步量化分析,将数据分为两组,一组控制闪烁频率为常亮,采用双因子方差分析研究发光类型和时间段的影响作用及交互效应;另一组控制时间段为晚上 8 点,采用单因子方差分析研究不同闪烁频率的影响作用。

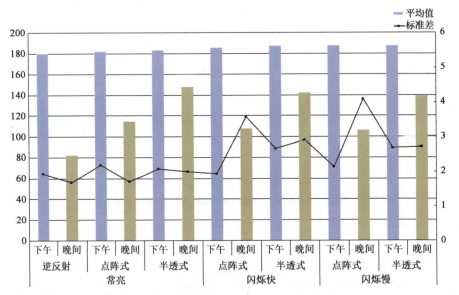

图 2-2　六种实验标志的驾驶员有效视认距离均值

Figure 2-2　Average Viewing Distance Under Different Conditions

以限速标志为例,分析如下:

2.3.1　双因子方差分析

采用双因子方差分析,向模型中添加发光类型和时间段两个主效应和一个交互效应。

首先检验实验数据是否符合等方差性假定,零假设为两个因子的各个水平组合之下的数据方差相等,Levene 方差齐性检验结果如表 2-2 所示,P 值大于 0.01,不能拒绝原假设,即认为实验数据符合等方差性假定。

Levene 方差齐性检验 表 2-2
Levene Variance Homogeneity Test Table 2-2

因变量:视认距离			
F	df1	df2	显著性
.316	5	114	.902

由双因子方差分析表 2-3 可知,所用方差分析模型的检验 P 值小于 0.05,因此所用的模型有统计学意义。发光类型、时间段、发光类型 * 时间段三个方差来源的 P 值均小于 0.05,因此可以认为,不同水平的发光类型和时间段对于标志的视认距离均有显著影响,且两者间存在交互效应。

双因子方差分析结果 表 2-3
Results of Two-way Analysis of Variance Table 2-3

因变量:视认距离				
源	Ⅲ类平方和	自由度	均方	F	显著性
校正的模型	177458.809ª	5	35491.762	9469.871	.000
截距	2650100.066	1	2650100.066	707096.610	.000
发光类型	24024.854	2	12012.427	3205.142	.000
时间段	133635.906	1	133635.906	35656.577	.000
发光类型 * 时间段	19798.048	2	9899.024	2641.246	.000
错误	427.256	114	3.748		
总计	2827986.131	120			
校正后的总变异	177886.065	119			

为进一步分析不同发光类型和时间段的交互效应,可进行简单效应检验,并做出交互作用图,结果如表 2-4。

简单效应检验结果 表 2-4
Results of Simple Effect Test Table 2-4

时间段	(I)发光类型	(J)发光类型	平均值差值 (I-J)	标准错误	显著性	差值的 95% 置信区间	
						下限值	上限
下午	逆反射	点阵式	-2.031*	.612	.004	-3.515	-.548
		半透式	-3.199*	.612	.000	-4.683	-1.716
	点阵式	逆反射	2.031*	.612	.004	.548	3.515
		半透式	-1.168	.612	.166	-2.652	.315
	半透式	逆反射	3.199*	.612	.000	1.716	4.683
		点阵式	1.168	.612	.166	-.315	2.652

续上表
Continued

时间段	(I)发光类型	(J)发光类型	平均值差值(I-J)	标准错误	显著性	差值的95%置信区间	
						下限值	上限
夜晚	逆反射	点阵式	-32.727*	.612	.000	-34.211	-31.244
		半透式	-66.119*	.612	.000	-67.602	-64.635
	点阵式	逆反射	32.727*	.612	.000	31.244	34.211
		半透式	-33.391*	.612	.000	-34.875	-31.908
	半透式	逆反射	66.119*	.612	.000	64.635	67.602
		点阵式	33.391*	.612	.000	31.908	34.875

由表2-4可知,在下午5点的时间段内,点阵式和半透式发光下的视认距离无显著差异($P>0.05$),而两种主动发光标志相对于逆反射来说在视认距离上都有所增加($P<0.05$),但提升较小,视认距离平均值增加了2~4m;而在晚上的时间段内,两种主动发光标志在视认距离上都有显著提升($P<0.05$),其中半透式发光的效果最好,相对于逆反射的视认距离平均值提高了66.12m。

结合图2-3中的视认距离估算边际平均值,可进一步理解发光类型和时间段的交互作用,并得出结论:主动发光标志在下午仍有阳光照射时的视认性能无显著差异,晚间采用主动发光后的交通标志的视认性能对比传统逆反射发光标志均有显著提高,其中半透性标牌的视认性能最佳。

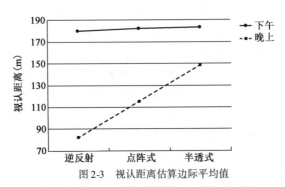

图2-3 视认距离估算边际平均值
Figure 2-3 Estimated Marginal Means of Viewing Distance

2.3.2 单因子方差分析

上文发现主动发光标志在晚间的效果有显著提升,因此针对晚间的时间段,采用单因子方差分析,分别研究发光频率对于点阵式和半透式发光视认距离的影响。

首先分析发光频率对点阵式主动发光标志视认距离的影响,方差分析结果如表2-5所示。

单因素方差分析结果(点阵式) 表2-5
Results of One Way ANOVA(Dot-Matrix) Table 2-5

	平方和	df	均方	F	显著性
组之间	634.746	2	317.373	18.961	.000
组内	954.071	57	16.738		
总计	1588.817	59			

由表2-5的分析结果可知,P值小于0.05,可认为发光频率对视认距离有显著影响。为进一步比较不同发光频率下的视认距离,采用S-N-K(Student Newman–Keuls)的多重比较方法进行事后多重比较,该方法把在5%的显著性水平下没有区别的总体放在同一列,作为同类子集,适合于各水平观测值个数相等的情况。由同类子集表2-6可知,点阵式标志闪烁发光无论快慢,其视认性能均不及常亮发光。

同类子集(点阵式) 表2-6
Homogeneous Subsets(Dot-Matrix) Table 2-6

闪烁频率	N	alpha 的子集 = 0.05	
		1	2
闪烁慢	20	106.6618	
闪烁快	20	108.3000	
常亮	20		114.2331
显著性		.211	1.000

然后分析闪烁频率对半透式主动发光标志视认距离的影响,结果如表2-7。

单因素方差分析结果(半透式) 表2-7
Results of One Way ANOVA(Transflective) Table 2-7

	平方和	df	均方	F	显著性
组之间	692.502	2	346.251	34.229	.000
组内	576.592	57	10.116		
总计	1269.094	59			

由表2-7的分析结果可知,P值小于0.05,认为不同发光频率下的视认距离有显著差异。同样采用S-N-K方法进行事后多重比较,并得出同类子集表2-8,可看出半透式标志闪烁发光无论快慢,其视认性能均不及常亮发光。

同类子集（半透式） 表2-8
Homogeneous Subsets(Transflective) Table 2-8

闪烁频率	N	alpha 的子集 = 0.05		
		1	2	3
闪烁慢	20	139.6541		
闪烁快	20		142.6700	
常亮	20			147.8789
显著性		1.000	1.000	1.000

本次实验在所测六种交通标志中均发现，主动发光标志与传统逆反射发光标志在下午5点时的视认性能无显著差异，夜间采用主动发光后的六种交通标志的视认性能对比传统逆反射发光标志均有显著提高，且半透式发光标牌的视认性能最佳，其次为点阵式发光标志，另外常亮的主动发光标志视认性能最佳，因此在可视性较差的夜间推荐使用常亮的半透式LED发光标志。

3 基于驾驶模拟器的对比实验

为进一步验证半透式发光标志与逆反射标志的视认性能，本研究借助驾驶模拟器模拟实验场景，采集驾驶行为数据，计算出实验人员的视认距离并作为指标来评价半透式发光标志的使用效果，并通过调整标志亮度来研究不同时间段下视认性能最佳时的发光亮度。

3.1 实验环境

近年来驾驶模拟器被广泛应用于车辆系统开发，ITS交通系统研究以及驾驶员、车辆、道路和交通间的相互作用研究等诸多领域，具有较高的可控性、仿真度和安全性。因此，本实验使用日本FORUM 8公司开发的新一代UC-win/Road软件以及与之配套的驾驶模拟器，如图3-1所示。

驾驶员通过操作具有力反馈系统的转向盘、制动踏板、加速踏板等设施来控制模拟车辆，驾驶模拟场景（包括道路环境、驾驶员操作场景等）映像于能提供135°视野范围的3面显示屏之上，另外配备音响输出行车过程所能听到的声音。这样，驾驶员能够获得与在真实道路上驾驶时相近的视觉、听觉等感官效果。UC-win/Road软件用于道路规划与设计，能为工程项目提供具有较高仿真度的三维虚拟现实。UC-win/Road具有地形输入、道路定义生成和交通流生成以及虚拟现实模拟等主要功能。

图 3-1　UC-win/Road 驾驶模拟器
Figure 3-1　UC-win/Road Driving Simulator

本研究通过利用软件中输入地形、定义道路与隧道、生成道路与隧道、虚拟现实模拟并输出数据的功能,可以获取车辆实时位置三维坐标、速度、加速度、侧向加速度、车辆距离道路边缘的距离、侧向偏移量、转向盘操作量等行车数据。

3.2　半透式发光有效性实验

在驾驶模拟实验中,若实验人员提前知晓即将看到的标志种类,那么实验数据将丢失一定的有效性与准确性。因此本实验共采用限速、注意行人和指路三种交通标志,利用软件的照明功能照亮限速标志以模拟 LED 半透式发光,将 20 名实验人员随机分配到不同的实验环境中,并根据看到的标志类型做出相应的驾驶行为。将时间设置为晚间 8 点,模拟夜间路灯下的环境光照强度(约为 0.5lux)。实验路段为双向六车道公路,同时为尽量少其他因素的干扰,生成车速为 60km/h,流量为 1000pcu/h 的自由流交通。初始速度设置为 60km/h,要求驾驶员匀速行驶:

当看到限速 60km/h 的标志时,减速至 50km/h 左右并匀速行驶;当看到注意行人标志时减速至 35km/h,经过人行横道后恢复到初始的速度并匀速行驶;当看到交叉口的指路标志时,减速并变道准备右转。

本实验共采集三种标志下两种发光类型(逆反射、半透式)的驾驶实验数据,包括位置、速度、加速度、转向盘操作量、制动操作量等,并计算出交通标志的视认距离,即驾驶员看清标志内容时所行进的距离。由以下公式计算得到:

$$d = d_s - d_r$$

式中:d——驾驶员看清交通标志时所行进的距离;

d_s——驾驶员采取驾驶行为(如刹车制动、转向)时所行进的距离;

d_r——驾驶员在反应时间内所行进的距离,反应时间设为 0.7s。

具体计算方法为:首先根据驾驶行为数据,如速度、加速度、转向盘操作量随时间变化的情况,判断驾驶员采取驾驶行为(如制动、转向)的时间点,然后找出此时间点之前 0.7s 时的行驶距离,即驾驶员看清标志时所行进的距离。

3.2.1 限速标志

驾驶模拟器中,传统逆反射与半透式发光标志的模拟效果如图 3-2 所示。

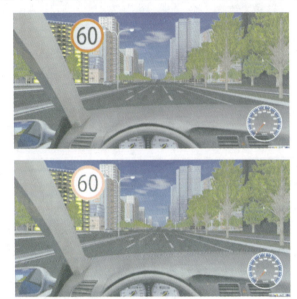

图 3-2 传统逆反射与主动发光对比(限速标志)

Figure 3-2 Comparison Between Retroreflection and LED Traffic Sign(Speed-Limit Sign)

对于限速标志,需要根据速度和加速度变化的情况判断出驾驶员开始减速时的时间点,如图 3-3 所示。

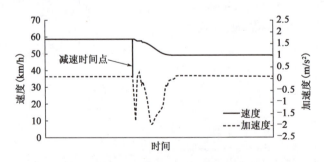

图 3-3 减速时间点判断(限速标志)

Figure 3-3 Recognition of Deceleration Time(Speed-Limit Sign)

由减速的时间点减去反应时间,推算出驾驶员看清标志时的视认距离。本例中由于比较的是同一批人在并对逆反射和半透式发光下视的认距离,因此采用配对样本 t 检验,结果见表 3-1。

配对样本 t 检验结果(限速标志)　　　　表 3-1
Results of Paired-Sample *t*-test(Speed-Limit Sign)　　Table 3-1

	配对差值			t	自由度	显著性
	平均值(E)	标准偏差	标准误差平均值			
逆反射-半透式	14.83327	3.43714	.76857	19.30	19	.000

由表 3-1 可知,P 值小于 0.05 的显著性水平,认为视认距离在两种情况下有显著差异,且半透式发光下的视认距离比逆反射更长。

3.2.2 指路标志

驾驶模拟器中,传统逆反射与半透式发光标志的模拟效果如图 3-4 所示。

a) 传统逆反射

b) 半透式发光

图 3-4　传统逆反射与主动发光对比(指路标志)

Figure 3-4　Comparison Between Retroreflection and LED Traffic Sign (Guide Sign)

对于指路标志,要求驾驶员在看清交叉口的指路标志后变道并右转,因此可根据转向指标的变化情况判断出驾驶员开始减速的时间点。

选择转向盘操作量作为转向指标,左最大为 -1,中心为 0,右最大为 $+1$,考察车辆在交叉口进口道的转向盘操作量随时间变化的情况,可看出驾驶员对转弯标志牌的视认反馈效果。选取本实验中方向盘操作量随时间变化情况的一例,作图 3-5 如下。

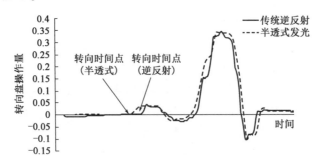

图 3-5　转向时间点判断(指路标志)

Figure 3-5　Recognition of Turning Time（Guide Sign）

图 3-5 所示,车辆在初始时刻在直行车道,当看到指路标志时,驾驶员向右转动转向盘进入右转车道,再往左转转向盘拨正方向,到达停车线后再完成右转。此例中,在半透式发光条件下,驾驶员能更早地看到指路标志,从而变更车道准备右转。

找到各组实验转向盘操作量开始变化时的时间点,并记录此时间点之前 0.7s(反应时间)处的行驶距离,作为驾驶员看清交通标志时的行驶距离。对各组数据的视认距离进行配对样本 t 检验,结果如表 3-2 所示。

配对样本 t 检验结果(指路标志)　　　　　　　　表 3-2

Results of Paired-Sample t-test（Guide Sign）　　Table 3-2

	配对差值			t	自由度	显著性
	平均值(E)	标准偏差	标准误差平均值			
逆反射-半透式	18.90970	2.94633	.65882	28.702	19	.000

由表可知,P 值小于 0.05 的显著性水平,认为视认距离在两种情况下有显著差异,且半透式发光下的视认距离比逆反射更长。

3.2.3 注意行人标志

驾驶模拟器中,传统逆反射与半透式主动发光标志的模拟效果如图3-6所示。

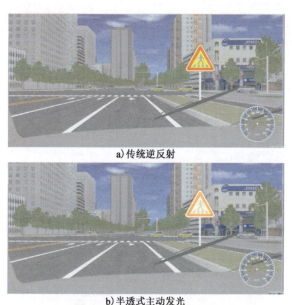

图3-6 传统逆反射与主动发光对比(注意行人标志)

Figure 3-6 Comparison Between Retroreflection and LED Traffic Sign

对于限速标志,同样需要根据速度和加速度变化的情况判断出驾驶员开始减速时的时间点,如图3-7所示。

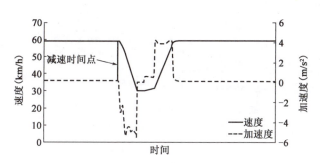

图3-7 减速时间点判断(指路标志)

Figure 3-7 Recognition of Deceleration Time (Watch For Pedestrians Sign)

由减速的时间点减去反应时间,推算出驾驶员看清标志时的行驶距离,并对逆反射和半透式发光下视认距离进行配对样本 t 检验,结果如表3-3所示。

配对样本 t 检验结果（注意行人标志）　　　　表3-3
Results of Paired-Sample *t*-test（Watch For Pedestrians Sign）　Table 3-3

	配对差值			*t*	自由度	显著性
	平均值（E）	标准偏差	标准误差平均值			
逆反射-半透式	14.64795	5.20580	1.16405	12.584	19	.000

由表3-3可知，P 值小于 0.05 的显著性水平，认为视认距离在两种情况下有显著差异，且半透式发光下的视认距离比逆反射更长。

3.3　半透式发光对比度实验

为了更细致地研究半透式发光亮度与视认距离之间的关系，这里引入对比度的概念，即环境亮度与发光标志亮度之间的比例。本实验使用的驾驶模拟软件通过调整时间段来调整环境亮度，并可调整发光标志的亮度，如图3-8所示，分别为对比度 1:1，1:5 和 1:10 下的交叉口指路标志。

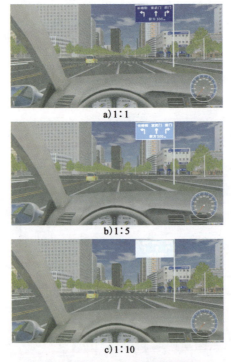

图 3-8　不同对比度下的交叉口指路标志
Figure 3-8　Guide Signs under Different Contrast Conditions

实验在下午 5 点,晚间 8 点,夜间 11 点三个时间段下,记录 20 名实验人员在不同对比度(1∶1 直至 1∶10)下的视认距离,如图 3-9 即为晚间 8 点的情况下,20 名实验人员在 10 种对比度下对指路标志的视认距离,可以发现多数实验人员在环境亮度和标志亮度比为 1∶5 和 1∶6 时对标志的视认距离最长,标志过暗或过亮时其视认性能都会降低。

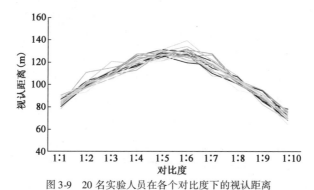

图 3-9 20 名实验人员在各个对比度下的视认距离

Figure 3-9 Viewing Distances of 20 Experimenters under Different Contrast Conditions

为了更清晰地展现发光标志在各个对比度下的视认性能,将 3 个时间段内各个实验人员视认距离的平均值绘制成折线图,如图 3-10 所示。

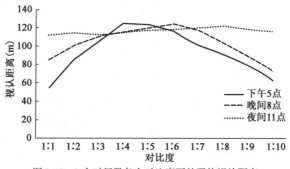

图 3-10 3 个时间段各个对比度下的平均视认距离

Figure 3-10 Average Viewing Distances of Different Contrast Conditions in Different Time Periods

从图 3-10 可以看出,不同的时间段内视认距离变化的趋势有所不同。在下午 5 点的时间段内,发光标志的对比度对于视认距离并无很大影响;在晚间 8 点的时间段内,对比度在 1∶6 时视认性能最佳,标志更暗或更亮都会降低视认距离。而在夜间 11 点时最佳对比度为 1∶4。

由此可见,并不是标志亮度越高,视认距离就越远,当环境与标志对比度超过一定的阈值时,由于亮度过高产生的眩光效应反而会使得视认距离大幅下降。

111

而且不同时间段的环境亮度下,最佳的对比区间也有所不同。例如在晚间环境亮度很低时,标志对比度在1∶6时视认效果最佳,而在在夜间环境亮度极低时,对比度在较低时(1∶4)就可以获得最佳的视认效果。

4 结语

本研究分别依托于实际实验场地和驾驶模拟器,实验并分析了主动发光标志与传统逆反射标志在不同光照条件、不同闪烁频率下各个交通标志的视认距离,得出以下结论:

(1)主动发光LED标志与传统逆反射标志的视认性能在光照良好的情况下差异不大,而在夜间则效果显著,且半透式发光比点阵式发光的视认效果更好,因此当周围环境背景光较弱或完全黑暗时推荐使用主动发光标志,可以显著提升视认性能。

(2)闪烁发光技术对于交通标志的视认无实质性的提升,常亮发光是主动发光标志的首选。

(3)发光标志的亮度过高时反而会降低视认距离,在成本和技术条件允许的情况下,可以根据环境光的变化不断调整亮度以达到最佳的视认效果。

LED主动发光标志的发展与创新,对防止夜间及雨雪雾霾等恶劣天气条件下因道路交通标志视认特性不足、违规使用远光灯等原因造成交通安全事故有很大的帮助,且在全寿命周期内使用成本低于逆反射标志。而其所拥有的高亮度、高交通安全效益性及低能耗,也使得LED主动发光标志前景广阔。

参 考 文 献

[1] Smyth, J. S. The brightness and legibility at night of road traffic signs[J]. Transactions of the Illuminating Engineering Society 12.4_IEStrans 1947:71-94.

[2] Allen T M. Night legibility distances of highway signs[J]. Highway Research Board Bulletin, 1958:33-40.

[3] Allen T M, Smith G M, Janson M H, et al. Sign Brightness in Relation to Legibility[J]. Field Tests, 1966.

[4] Allen T M, Straub A L. Sign Brightness and Legibility[J]. Highway Research Board Bulletin, 1956.

[5] Freyssinier J P, Zhou Y, Ramamurthy V, et al. Evaluation of light-emitting diodes for signage applications[J]. Proceedings of SPIE-The International Society for Optical Engineering, 2004, 5187:5-7.

[6] Nakamura S. Present status of InGaN – based UV/blue/green LEDs and laser diodes[J]. Advances in Solid State Physics,1999,38:1 – 14.

[7] Bierman, Andrew. LEDs from indicators to illumination[J]. Lighting Futures, 1998,3.4:1

[8] Stringfellow G B,Craford M G. High brightness light emitting diodes[M]. Academic Press,1997.

[9] Freyssinier J P,Zhou Y,Ramamurthy V,et al. Evaluation of light – emitting diodes for signage applications[J]. Proceedings of SPIE-The International Society for Optical Engineering,2004,5187:5-7.

[10] Bullough, J. D. 2003. Lighting Answers:Light Emitting Diode Lighting Systems. Troy,NY:Lighting Research Center,Rensselaer Polytechnic Institute.

[11] Narendran,N,Bullough,John. (2001). Light emitting diodes as light sources [C]// Proceedings of the 9th International Symposium on the Science and Technology of Light Sources,2001:329-336.

[12] Narendran N,Deng L. Performance characteristics of light emitting diodes[J]. Proceedings of IESNA Annual Conference 2002: 157-164.

[13] Narendran N,Bullough J D,Maliyagoda N,et al. What is Useful Life for White Light LEDs? [J]. Journal of the Illuminating Engineering Society,2001,30(1):57-67.

[14] 丁伯林,刘干,马健霄,等.LED 背光源道路交通标志研究[J].公路交通科技:应用技术版,2015(4):215-217.

[14] DING Bo-lin,LIU Gan,MAJian-xiao,et al. Study on LED Backlighted Traffic Signs[J]. Journal of Highway and Transportation Research and Development, 2015(4):215-217.

[15] 德凯,马健霄,朱亚运,等.基于背光源的新型主动发光交通标志研究[J].森林工程,2017,33(2):76-82.

[15] ZHOU De-kai,MA Jian-xiao,ZHU-Ya-yun,et al. New Active Luminous Traffic Signs Based on Backlight[J]. Forest Engineering,2017,33(2):76-82.

[16] 盛莉莉,郭敏.自发光式交通标志亮度与对比度的研究[J].浙江交通职业技术学院学报,2008,9(3):21-24.

[16] SHENG Li-li,GUO Min. Research on the Brightness and Contrast of Initiative Lighted Signs [J]. Journal of Zhejiang Vocational and Technical Institute of Transportation,2008,9(3):21-24.

[17] 张国辉,李大茂,冯志秀,等.LED 主动发光标志夜间视认性研究[J].公路交通科技:应用技术版,2017(2):254-257.

[17] ZHANG Guo-hui,LI Da-mao,FENG Zhi-xiu,et al. Research on the Nighttime Visibility of LED Active Luminous Traffic Signs [J]. Journal of Highway and Transportation Research and Development ,2008,9(3):254-257.

[18] 张建中.太阳能 LED 道路交通标志在干线公路改建中的应用[J].山西交通科技,2011(5):78-80.

[18] ZHANG Jian-zhong. The Application of Sloar LED Road Traffic Signs to Trunk Highway Reconstruction[J]. Shanxi Science & Technology of Communications,2008,9(3):254-257.

[19] 王艳军,孙菲,李大鹏,等.高速公路指路标志视认性改善研究与实践[J].交通与运输:学术版,2015(2):152-155.

[19] WANG Yan-jun,SUN Fei,LI Da-Peng,et al. Study and Practice on Visual Recognition of Highway Guiding Signs[J]. Traffic & Transportation,2015(2):152-155.

LED主动发光交通标志应用性能研究

彭一川[1]　徐韬[1]　陆键[1]　刘干[2]

(1.同济大学　道路与交通工程教育部重点实验室,上海市　201804；
2.南京赛康交通安全科技股份有限公司)

摘要:为确保驾驶员能快速准确的辨识标志信息,标志应具有良好的视认性和易读性。近年来,越来越多的研究和工程人员致力于将LED发光技术运用于交通标志等交通安全设施。目前对于LED主动发光标志的研究主要集中于标志的亮度、对比度的理论设计,而缺少主动发光标志与逆反射标志相互之间的视认性能对比,主要原因在于缺少基于实际行驶路段的实验数据的分析。本次研究为了精确对比评价LED主动发光标志与逆反射标志的使用效果,在实际行驶路段设立了限速、禁鸣、禁停、红外感应注意行人等四种类型交通标志设施,对比分析这四类LED主动发光交通标志与逆反射交通标志在实际路段的性能差异,结果表明在夜间所有半透式发光标志比传统逆反射标志的视认效果均有显著的提升,合理使用LED主动发光标志可以有效提高道路交通标志的可视距离从而提高道路的安全性能。

关键词:LED主动发光；交通标志；可视距离；视认性能

0 引言

交通标志以形状、颜色和字符等向道路使用者传递视觉信息,并结合交通道路及环境状况进行合理设置,通过标志提供准确信息和引导,使道路使用者顺利抵达目的地,保障交通顺通和行车安全。标志可分为三种:反射型标志、照明型标志和主动发光型标志。为确保驾驶员能快速准确的辨识标志信息,标志应具有良好的视认性和易读性。近年来,越来越多的研究和工程人员致力于将 LED 发光技术运用于交通标志等交通安全设施,以期望在视认性能严重不足的夜间及雨雪雾霾等能见度低的恶劣天气条件下,避免或减轻道路交通事故的发生和伤亡。

对于 LED 主动发光标志的研究起步较晚,丁伯林等人研究设计出了一种 LED 背光源内部照明式指路标志,并介绍了该标志的结构、光学模式、光源设计、优缺点,针对光源设计给出了理论计算及计算机模拟结果,并在实际应用中得以验证[1,2]。盛莉莉[3]结合交通标志设计中人体视觉行为的特征,对自发光式标志的亮度、对比度进行了分析,提出了自发光式交通标志最佳亮度范围与对比度值,对自发光式交通标志设计具有一定的参考价值。山西太原 208 国道线城上至阳明堡二级公路推广应用了一种太阳能 LED 交通标志[4],这种标志是在传统道路交通反光标志的基础上增加 LED 光电系统,通过专门的光敏控制电路白天自动关闭、夜间自动开启,实现 LED 发光体的闪烁发光,提高道路交通标志的可视距离,从而有效防止和避免交通事故的发生。浙江省金华市公路部门开展了反光自发光复合材料在农村公路上的应用研究[5],该成果利用吸储自然光后主动发光的新材料、新技术,成功研发了多种适合公路交通环境条件下具有夜间自发光警示功能的系列公路自发光标识产品,解决了公路夜间照明诱导问题。

目前对于 LED 主动发光标志的研究主要集中于标志的亮度、对比度的理论设计,而缺少主动发光标志与逆反射标志相互之间的视认性能对比,主要原因在于缺少基于实际行驶路段的实验数据的分析。本次研究为了精确对比评价 LED 主动发光标志与逆反射标志的使用效果,在实际行驶路段设立了限速、禁鸣、禁停、红外感应注意行人等四种类型交通标志设施,对比分析这四类 LED 主动发光交通标志与逆反射交通标志在实际路段的性能差异,以期为决策部门采用合适的交通标志类型,提高路面的安全性能,避免或减轻道路交通事故的发生和伤亡,提供科学的参考意见。

1 实验设计

1.1 实验变量

当前应用比较广泛的 LED 主动发光标志主要包括点阵式和背光式发光两种。点阵式发光标志主要采用密集的 LED 点光源组成线形显示文字或者图形,如图1-1所示。LED背光式半透式发光,主要采用LED阵列作为背光源透过正面镂空的铝制型材和棱镜型反光膜发光,最后粘贴显示字形的深色反光膜,白天保留了逆反射的性能,夜间主动发光,如图1-2所示。

图1-1　点阵式发光标志　　　　　　图1-2　半透式发光标志

本次实验一共考虑限速、禁鸣、禁停、红外感应注意行人等四种类型交通标志设施。各试验组的自变量为四种类型交通设施标志的两种不同的标志形式,包括传统逆反射标志和半透式主动发光标志。由于点阵式主动发光标志在之前校内实验路段的视认性能的对比实验中效果不如半透式主动发光标志,因此本次研究没有采用点阵式主动发光标志进行对比。对于限速,红外感应注意行人这两组交通标志实验组采用的因变量为:车辆通过限速和斑马线前样本路段的速度。对于禁鸣交通标志实验组采用的因变量为车辆通过禁鸣样本路段的鸣笛次数。对于禁停交通标志实验组采用的因变量为车辆通过禁停样本路段的违停次数。

为了更加全面地进行两种标志的性能对比,对于限速交通标志,实验还抽样调查了经过此限速路段的部分驾驶员,获得了关于驾驶员从以下三个方面进行的打分评价:①发现标志的评价指标——限速标志的显著性;②识读标志的评价指标——限速标志的易识读性;③决策判断的评价指标——限速标志的易决策和遵守性。在打分评级中,从1~5代表标志的显著性、易识读性、易决策和遵守性效果依次递减。

1.2　实验环境

实验场地选取靠近同济大学嘉定校区的一条双向六车道道路昌吉东路部分路段作为评价限速、禁鸣及注意行人路段标志的实际路段。选取同济大学嘉定校区外一块禁止停放车辆的路段作为评价禁停标志的实际路段。

实验仪器:实验主要通过雷达枪(图1-3)和摄像机检测:雷达枪:记录通过限速和斑马线前注意行人实

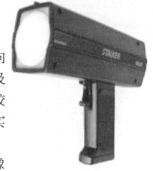

图1-3　雷达枪

际路段的每一辆车的速度;摄像机:视频记录车辆通过禁鸣禁停实际路段的鸣笛次数,违停次数。

本次实验的四种交通标志,具体规格尺寸见表1-1。

实验标志类型及规格尺寸　　　　　　　　　　　表1-1

序号	名　　称	规　格　尺　寸
1	LED主动发光限速标志	半透,逆反射 Φ800
2	LED主动发光禁鸣标志	半透,逆反射 Φ800
3	LED主动发光禁停标志	半透,逆反射 Φ800
4	LED主动发光红外感应注意行人标志	半透,逆反射 △900

实验标志的安装主要包括以下三个方面:在限速及禁鸣路段右侧安装限速、禁鸣标志;在斑马线前方路段右侧安装红外感应注意行人标志;在禁停路段中心位置安装禁停标志;所有标志的安装位置均符合《城市道路工程设计规范》(CJJ 37—2016)要求。以下为部分安装好后主动发光交通标志的图样见图1-4。

a) 禁鸣　　　　　　　　　　　　b) 禁停

c) 限速　　　　　　　　　　　　d) 注意行人

图1-4　实际路段主动发光交通标志安装示例

对接受调查分析的驾驶员根据影响标志视认性的主要生理指标进行了分类,分类的主要依据是年龄与性别。要求被调查人员具有一定的代表性,以确保试验的真实性、可靠性和有效性。本次试验调查共采访驾驶员30名:老年(50岁以上)8人,中年(35至50岁)10人,青年(20至35岁)12人;女性驾驶员13人,男性驾驶员17人;所有被调查的矫正视力均在1.0以上,另外,所有被调查的人员没有在视觉生理上有明显个体差异的情况。

1.3 实验流程

本次研究主要实验流程如下所示:

(1)安装注意行人标志的斑马线前路段

在斑马线前方安装普通减速标志牌,测试车辆通过样本斑马线速度,计算平均车速;将普通减速标志牌更换为主动发光减速标志牌,重复以上测试;对比分析两种状态平均速度变化。

(2)安装限速标志的限速路段

选取限速在40km/h的实际道路,测试车辆通过安装普通限速标志的限速路段速度,计算平均车速;将普通减速标志牌更换为主动发光减速标志牌,重复以上测试;对比分析两种状态平均速度变化。选取30名驾驶员进行标志的显著性、易识读性、易决策和遵守性效果评分对比。

(3)禁鸣路段

同等时间下,通过视频记录普通反光指路标志和主动发光指路标志鸣笛次数对比。

(4)禁停路段

同等时间下,通过视频记录普通反光指路标志和主动发光指路标志违停次数对比。

2 实验数据分析

2.1 数据采集与处理

(1)限速标志

实验过程中,当试验人员利用雷达枪测得车辆速度相关信息后,数据采集人员会填写实验记录表格,记录车辆编号和速度等信息。限速标志的速度均值以及驾驶员对于实验标志显著性、易识读性、易决策和遵守性效果评分数据结果见表2-1和表2-2,所有平均速度数据均按照四舍五入的方法取小数点后两位小数,所有评分均按照四舍五入的方法取小数点后一位小数。

安装限速标志路段的平均速度 表2-1

实验序号	标志类型	白天/夜晚	平均速度(km/h)
1	传统逆反射	白天	45.68
2	半透式	白天	44.62
3	传统逆反射	夜晚	42.16
4	半透式	夜晚	36.25

驾驶员对于限速标志效果评分 表2-2

实验序号	标志类型	白天/夜晚	易识读性(1~5)	易决策和遵守性(1~5)	显著性评分(1~5)
1	传统逆反射	白天	1.4	1.6	1.4
2	半透式	白天	1.4	1.5	1.4
3	传统逆反射	夜晚	3.2	3.4	3.3
4	半透式	夜晚	2.1	2.4	2.2

(2)禁鸣标志

安装禁鸣标志路段一星期,通过视频记录统一时间段普通反光指路标志和主动发光指路标志累计鸣笛次数的对比结果见表2-3,其中白天的时间段为早上7:00~8:00,晚上的时间段为18:00~19:00。

鸣笛次数对比 表2-3

实验序号	标志类型	白天(7:00~8:00)/夜晚(18:00~19:00)	累计鸣笛次数(次)
1	传统逆反射	白天	125
2	半透式	白天	120
3	传统逆反射	夜晚	75
4	半透式	夜晚	42

(3)禁停标志

安装禁停标志路段一星期,通过视频记录统一时间段普通反光指路标志和主动发光指路标志累计违停次数的对比结果见表2-4,其中白天的时间段为早上7:00~8:00,晚上的时间段为18:00~19:00。

LED 主动发光交通标志应用性能研究

违停次数对比　　　　　　　　　　表 2-4

实验序号	标志类型	白天(7:00~8:00)/夜晚(18:00~19:00)	累计违停次数(次)
1	传统逆反射	白天	36
2	半透式	白天	34
3	传统逆反射	夜晚	24
4	半透式	夜晚	17

(4) 注意行人标志

安装注意行人标志的斑马线前实验路段速度均值数据结果见表 2-5。

注意行人标志路段的平均速度　　　　表 2-5

实验序号	标 志 类 型	白天/夜晚	平均速度(km/h)
1	传统逆反射	白天	35.26
2	半透式	白天	33.24
3	传统逆反射	夜晚	28.36
4	半透式	夜晚	20.36

2.2　实验分析

为使实验数据对比结果更加直观,将所整理的实验数据进一步的采用直方图做对比分析,分析结果见图 2-1~图 2-5。

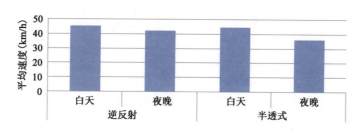

图 2-1　限速标志路段平均速度对比

安装逆反射标志与半透式主动发光限速标志路段的平均速度对比见图 2-1,可以清晰地发现在白天光照强度较好的时候,逆反射标志与半透式主动发光视认性能无显著差别,但是在夜晚缺少光照的时候,半透式主动发光限速标志的限速效果显然更为显著,路过该路段的平均速度为 36.25km/h,比该路段安装逆反射限速标志时通过的平均速度减少了 14%。

安装逆反射标志与半透式主动发光限速标志路段的标志驾驶员评分调查对比见图2-2,可以清晰地发现在白天光照强度较好的时候,逆反射标志与半透式主动发光驾驶员评分无显著差别,但是在夜晚缺少光照的时候,驾驶员对于半透式主动发光限速标志的易识读性、易决策和遵守性,以及显著性评价更高,反映出主动发光限速标志的视认性能更好。

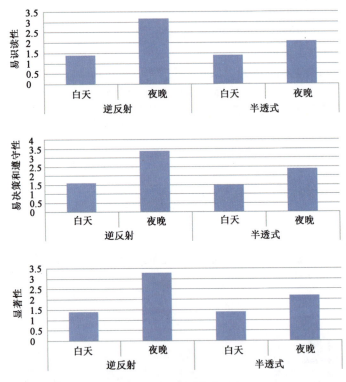

图2-2 限速标志路段评分对比

安装逆反射标志与半透式主动发光禁鸣标志路段的累计鸣笛次数对比见图2-3,可以清晰地发现在白天光照强度较好的时候,逆反射标志与半透式主动发光视认性能无显著差别,但是在夜晚缺少光照的时候,驾驶员对于半透式主动发光禁鸣标志的违反次数更少,有效反映出主动发光禁鸣标志的视认性能更好。

安装逆反射标志与半透式主动发光限速标志路段的累计违停次数对比见图2-4,可以清晰地发现在白天光照强度较好的时候,逆反射标志与半透式主动发光视认性能无显著差别,但是在夜晚缺少光照的时候,驾驶员对于半透式主动发光违停标志的违反次数更少,有效反映出主动发光禁鸣标志的视认性能更好。

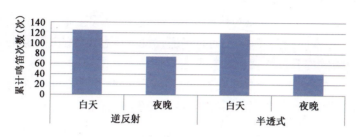

图 2-3　禁鸣标志路段累计鸣笛次数对比

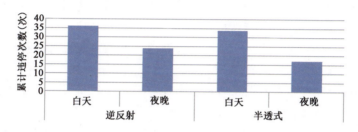

图 2-4　禁停标志路段累计违停次数对比

安装逆反射标志与半透式主动发光注意行人标志路段的平均速度对比见图 2-5,可以清晰地发现在白天光照强度较好的时候,逆反射标志与半透式主动发光视认性能无显著差别,但是在夜晚缺少光照的时候,驾驶员通过半透式主动发光注意行人标志的时候会更加小心谨慎,平均速度降为 20.36km/h,比该路段安装逆反射注意行人标志时通过的平均速度减少了 38%。

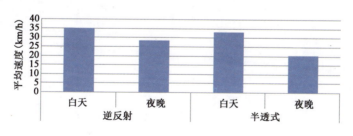

图 2-5　注意行人标志平均速度对比

3　结语

本次研究在实际行驶路段设立了限速、禁鸣、禁停、红外感应注意行人等四种类型交通标志设施,对比分析了上述四类 LED 主动发光交通标志与逆反射交

通标志在实际路段的性能差异,结果表明:

四种主动发光 LED 标志与传统逆反射标志的视认性能在光照良好时间段差异不大,而在夜间则差异显著,所有半透式发光标志比传统逆反射标志的视认效果均有显著的提升。驾驶员对于半透式主动发光限速标志的易识读性、易决策和遵守性,以及显著性评价也更高,合理使用 LED 主动发光标志可以有效提高道路交通标志的可视距离从而提高道路的安全性能。

参 考 文 献

[1] 丁伯林,刘干,马健霄,等.LED 背光源道路交通标志研究[J].公路交通科技:应用技术版,2015(4):215-217.

[2] 德凯,马健霄,朱亚运,等.基于背光源的新型主动发光交通标志研究[J].森林工程,2017,33(2):76-82.

[3] 盛莉莉,郭敏.自发光式交通标志亮度与对比度的研究[J].浙江交通职业技术学院学报,2008,9(3):21-24.

[4] 张建中.太阳能 LED 道路交通标志在干线公路改建中的应用[J].山西交通科技,2011(5):78-80.

[5] 吕宁生,徐晓和,林文岩,等.农村公路自发光交通安全标识研究[C].中国公路学会2013年学术年会.2013.

基于LED透镜优化的主动发光道路交通标志视认性改善研究

田 甜[1] 刘 干[2] 丁伯林[2] 龚 鋆[2] 唐 珂[1] 徐家跃[1]

(1. 上海应用技术学院材料科学与工程学院,上海 201418;
 2. 南京赛康交通安全科技股份有限公司,南京 210014)

摘要: 主动发光道路交通标志作为新型交通安全设施尚缺少具有针对性的LED配光设计,在应用中制约了该类产品的使用效果和性能提升。本文以聚碳酸酯为原材料开发出具备良好防水、抗老化性能的LED多功能光学透镜,测试显示其在可见光波段的透过率大于80%,对LED的光谱特性及色度学指标影响微小,另通过优化配光设计使LED平均光强扩散角缩小约40%,实现聚焦功能。采用该透镜制备的点阵式主动发光交通标志发光更为均匀、柔和,有效提高了标志的视认性能,在国内公路、城市交通道路领域得到广泛的应用,显著提升了交通标志的安全视认性能和亮化美观效果。

关键词: 多功能光学透镜;点阵式主动发光道路交通标志;视认性改善

Investigation on the legibility improvement of self-luminous traffic sign base on optimizing LED lens

Abstract: As new traffic safety facilities, self-luminous traffic signs were still lack of targeted LED light distribution design, which restricted the using effect and performance improvement of such products in the application. In this work, LED multifunctional optical lens which had the properties of waterproof and anti-aged were fabricated by the raw material of polycarbonate. The experimental results showed that the lens had the transmittance of higher than 80% and tiny affected on the spectra characteristic and parameters of LED. Besides, through optimizing the light distribution design, the optical lens reduced the average light intensity spread angle about 40% for LED and realized focusing function. Fixed with the optical lens, the dot-matrix self-luminous traffic signs glowed more homogeneous and softer, and their legibility were effectively improved. Interiorly, the LED multifunctional optical lens has been widely used in the fields of road and urban traffic, and remarkably promote the safety of the traffic signs on legibility and beautiful surroundings.

Keywords: multifunctional optical lens; dot-matrix self-luminous traffic sign; legibility improvement

0 引言

道路交通标志属于交通信息管理必需的公共安全产品,其动态视认环境下的光学模式和光学标准对交通安全有着显著影响。传统的标志以逆反射材料和技术为基础,存在夜间视认依赖远光灯,逆光下无法视认,雨雾等恶劣天气视认困难,寒冷天气板面结露和反光失效等缺陷,欧美等发达国家普遍采用增设外部照明装置以满足交通标志的功能需求[1]。

针对反光标志技术缺陷对道路交通安全的影响,我国强制性国家标准《道路交通标志和标线 第2部分:道路交通标志》(GB 5768.2—2009)中3.3.3章节提出:按光学特性分类,标志可分为逆反射式、照明式、发光式,使得交通标志可以应用新型光学技术以提高视认安全性水平[2]。截至目前,我国已经有《城市道路交通设施设计规范》(GB 50688—2011)、《城市道路交通标志和标线设置规范》(GB 51038—2015)等十余项国家、行业标准支持新型LED技术在交通标志中的应用[3,4]。本文重点研究了LED多功能透镜选型及优化对主动发光道路交通标志视认性能的影响。

1 LED在道路交通标志的应用

21世纪初开始,LED以其高亮度、长寿命、低能耗等优点在道路交通安全领域获得了广泛的应用,其中就包括了与传统交通标志的组合应用。这类交通标志将 LED 与反光膜材料相结合,在白天或光照条件较好的情况下,关闭 LED,单纯依靠反光膜传递信息,其作用与普通逆反射标志相同,而在夜间或环境照度较差时,该类标志可通过点亮 LED 的方式提高标志视认性,有效保障标志应用的有效性,大幅提高道路交通安全水平[5-7]。

传统的点阵式主动发光标志发光的颜色是通过改变保护罩的颜色来实现的,如图 1 所示。这类保护罩的透过率较低,会减弱 LED 的发光强度,影响交通标志的远距离视认。

图 1 传统点阵式主动发光道路交通标志
Figure 1 Conventional dot-matrix self-luminous traffic sign

2010 年前后,不同颜色的 LED 被直接应用于点阵式主动发光道路交通标志,根据交通标志种类的不同,将不同颜色的 LED 以镶嵌的方式固定在标志底板表面,接通电源后,发光点组成线条,勾勒出标志的图形轮廓或文字笔画。这种点阵式主动发光道路交通标志具有发光强度更高,视认距离更远,更加美观的优点,但受限于 LED 的非精细化设计,仍然存在以下不足:

(1) LED 为点光源,发散角度大,应用在小型标志或复杂图形和文字时显示效果差,过多的 LED 排布在很小的范围内显示模糊,看不清显示内容,影响交通标志的视认。

(2) LED 长期暴露在外界环境中,经历季节和天气的变化,容易发生老化。

(3) LED 是通过钻孔工艺镶嵌在标志底板上,雨水会从 LED 与底板之间的缝隙浸入,容易造成面板背面的电路板短路。

针对以上不足,课题组研制了具有聚焦、防老化、防水等多种功能的光学透镜应用于单粒 LED,结合此技术生产的新型点阵式主动发光道路交通标志已经在国内得到广泛的应用。

2　多功能光学透镜的选材

材料是一切事物的物质基础。由于需要制作出对LED具有聚焦、防老化、防水等多种功能的光学透镜,因而透镜的选材必须根据这些功能进行综合考虑。用于制作透镜的材料应具有以下主要特性:

(1)透过率高:点阵式主动发光道路交通标志必须在远距离能够被视认,这就要求透镜对LED的发光强度影响较小,因而所选材料对可见光应当具有较大的透过率,保证标志的亮度与发光强度。

(2)使用温度范围较大:点阵式主动发光道路交通标志需要在不同的地域、气候环境下使用,因而所选材料必须能够在较大的温度变化范围内使用,否则透镜的寿命及使用区域将受到极大影响,进而降低交通标志的各项性能指标。

(3)密度小:点阵式主动发光道路交通标志中的透镜使用量较大,因而制作透镜的材料应当具有较小的密度,从而减轻整个标志的重量,使其更加便于运输和安装。

(4)易于加工:筛选出的材料必须易于加工成型,这样可以大大减少加工透镜的成本,从而降低标志的整体成本。

(5)物理机械性能好:多功能光学透镜的应当对LED起到保护作用,因而制作透镜的材料需要具有优良的物理机械性能,保证每粒LED在运输、安装和使用中的完好无损。

(6)其他因素:除以上几个特性外,因为点阵式主动发光道路交通标志长期使用在露天环境下,经历各种季节和天气的变化,所以制作透镜的材质还应当具有吸水性低、抗紫外线等特点。

高分子材料中的聚碳酸酯(Polycarbonate,PC)是一类分子链中含有碳酸酯基的高分子聚合物的总称,这种结构决定了它是一种综合性能优良的热塑性工程塑料。聚碳酸酯具有以下众多优点:高透光率(纯净的聚碳酸酯在可见光范围内的透射率达到90%左右);良好的耐热性和耐低温性(可在-40~125℃下长期使用);密度小(约为$1.2g/cm^3$);易加工成型;高抗冲性、拉伸强度、弯曲强度、压缩强度;收缩率波动小、尺寸稳定;加入添加剂可抗紫外老化[8-10]。因此,聚碳酸酯优良的综合性能使其非常适合用于制作多功能光学透镜。聚碳酸酯工业化至今已经有半个多世纪的历史,国内外生产厂家众多[11,12],经过充分的调研,最终选用德国拜耳公司生产的聚碳酸酯原料用于制备多功能光学透镜。

3 聚碳酸酯的透光性能

纯聚碳酸酯在可见波段的透射率可以达到90%左右,但是考虑到点阵式主动发光道路交通标志需要在不同地域和气候环境下使用,并且长期暴露在外界环境中,聚碳酸酯在紫外线作用下,会发生光氧化反应而逐渐老化,因而在聚碳酸酯原料中需要加入一定量的添加剂使其能够抗老化。因此,首先应当确定添加剂以及制备工艺是否影响了聚碳酸酯材料的透光性能。

材料对光的吸收符合以下吸收定律[13]:

$$I = I_0 e^{-\alpha x} \tag{1}$$

式中,I_0 和 I 分别为初始光强和光被材料吸收后的透射光强,x 为材料的厚度,α 为吸收系数。

从式(1)可以看出,LED发射的光被材料吸收后的透射光强与透镜的厚度和制作透镜所用材料的吸收系数有关,如果想获得较高的透射率,必须严格控制材料厚度。

我们利用紫外-可见分光光度计直接测试出1mm厚聚碳酸酯材料在300~800nm范围内的透射率。

从图2中可以看出,聚碳酸酯材料在紫外波段具有较低的透射率,在波长达到380nm之后,透射率逐渐增强,当波长增加到406nm之后,聚碳酸酯的透射率达到80%以上,并且随着波长的增加,透射率略有提高。

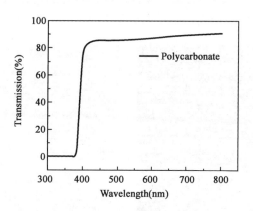

图2 用于制作多功能光学透镜的聚碳酸酯的透射率
Figure 2 The transmittance of polycarbonate for fabricating multifunctional optical lens

点阵式LED交通标志所使用的LED以白色、橙黄色和红色为主,均处于

410～700nm 的波长范围内,与制作多功能光学透镜的聚碳酸酯的高透过率窗口具有良好的匹配性。此外,聚碳酸酯在紫外波段的吸收大,能够吸收大部分紫外光,保护 LED 发光二极管,避免其在紫外光的照射下发生老化。

因此,我们所选用的聚碳酸酯材料不但对 LED 所发射的光具有高的透射率,不会影响点阵式主动发光道路交通标志的视认性,而且能够很好地起到防止 LED 老化,延长寿命的作用。

4 多功能光学透镜的结构

在点阵式主动发光道路交通标志中,多功能光学透镜直接嵌入交通标志的面板中,并套在 LED 上,因此多功能光学透镜结构是由 LED 交通标志板材、LED 尺寸以及发光特性等因素共同决定的,这里仅以高亮度 LED 的多功能光学透镜为例说明。

如图 3 所示分别为多功能光学透镜的结构图与实物图,从图 3a)中可以看出,透镜主要由前端的聚焦部分和等径部分构成:前段聚焦部分的尺寸与结构主要根据不同 LED 的尺寸以及发光特性设计,选择合适的焦距,使得 LED 发出的发光在透镜最前端能够会聚,从而削弱光的发散;等径部分主要根据 LED 的尺寸以及交通标志面板的厚度,选择合适的直径及长度;此外,前段聚焦部分的最大直径明显大于直筒部分,这主要是为了防止雨水从透镜等径部分与面板之间的缝隙浸入,起到保护 LED 发光二极管以及面板背面电路板的作用,避免雨水浸入造成短路而导致点阵式主动发光道路交通标志失效。

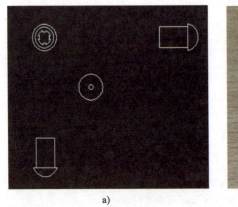
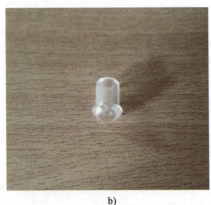

a)　　　　　　　　　　b)

图 3　多功能光学透镜的结构及实物

Figure 3　The structure and product of multifunctional optical lens

5 多功能光学透镜对单颗 LED 发光性能的影响

为了研究多功能光学透镜对点阵式主动发光道路交通标志中单颗 LED 发光性能的影响,我们测试了安装多功能光学透镜前后,白色、橙黄色和红色三种不同颜色 LED(上海曼斯雷德光电有限公司生产)的发光性能。

采用杭州远方光电信息股份有限公司的 HAAS-2000 高精度快速光谱辐射计,搭配 0.3m 积分球对样品的光谱和光通量、光效、色温、色纯度等参数进行了测量,测量参数的设置为工作电流 20mA,工作电压 2V,电功率 40mW;采用远方光电 LED626-V400 光强分布测试仪对样品的光强分布曲线及平均光强扩散角进行了测量,测量参数的设置为工作电流 20mA,工作电压 2V,反向漏电流 0.00μA,电功率 40mW。

5.1 不同颜色 LED 的光谱图及发光参数

如图 4 所示,白光、橙黄光和红光 LED 在安装多功能光学透镜前的发射光谱图分别为 a)、b) 和 c),它们在安装多功能光学透镜后的发射光谱图分别为 d)、e) 和 f)。从图中可以看出增加透镜前后,三种颜色的 LED 发光二极管的发光曲线基本不变,这表明多功能光学透镜并没有对 LED 的主波长和发光强度造成大的影响。

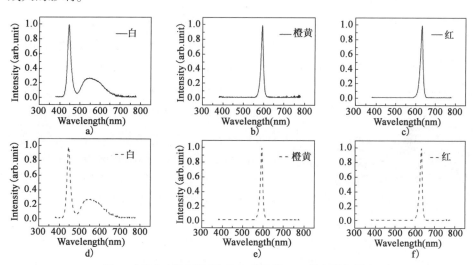

图 4 安装多功能光学透镜前后不同颜色 LED 的发射光谱图

Figure 4 The emission spectrum of different color LED before and after fixing optical lens

此外,根据颜色的视觉规律,红、黄、白、黑等颜色在道路交通标志领域使用较多,以增加视觉对比度,提高人眼视认能力,同时标志颜色还具有信息预发布的作用,如红色代表停止或者禁止,黄色代表警告。因此,增加透镜后标志LED发光颜色应与LED原色一致,不影响其颜色的功能性。表1中所列数据显示:安装透镜前后不同颜色LED色坐标、色温、色纯度均变化很小,其中橙黄色LED加透镜之后的色纯度有小幅提高,这可能是由于聚碳酸酯材料略带黄色的原因,但不会影响人们对黄色的识别。

加多功能光学透镜前后不同颜色LED发光二极管的主要发光参数　　表1
The main luminous parameters of different color LED before and after fixing optical lens　　Table 1

LED发光颜色	有无透镜	光通量 Φ (lm)	光效 Φ_e (lm/W)	色坐标 X	色坐标 Y	色温 T_c (K)	色纯度 (%)
白色	无	1.49	109.07	0.2760	0.2625	13141	26.7
白色	有	1.42	108.20	0.2784	0.2663	13114	26.1
橙黄色	无	0.50	51.95	0.5717	0.4204	1719	97.8
橙黄色	有	0.49	50.69	0.5749	0.4224	1710	99.4
红色	无	0.52	55.36	0.6919	0.3041	1001	99.6
红色	有	0.51	54.36	0.6921	0.3048	1001	98.8

因此,多功能光学透镜加在不同颜色的LED上,对LED的光谱以及发光参数的影响非常微小,只产生了微小的变化,而这些是人眼无法辨别出的,这表示安装了多功能光学透镜后的点阵式主动发光道路交通标志,从光强和光色两方面仍然能够容易引起人眼的视觉,也不会对人眼的视认感知造成任何影响,保证了标志其原有的各项功能。

5.2　不同颜色LED的光强分布

多功能光学透镜最重要的功能是聚焦LED发光,从而提高小型标志或复杂图形和文字的可视性。因而,项目研究随机选取白色、橙黄色和红色LED各6只,分别测试其加透镜前后光强的分布曲线,并对平均光强扩散角(此处平均光强扩散角定义为光强为最大光强50%处的出射角夹角,即分布曲线中的光强半高宽)进行统计对比,分析其聚焦性能。

表2给出了所有LED加透镜前后的平均光强扩散角,从该表中数据可以看出,不加透镜时,白光、橙黄光和红光LED的平均光强扩散角分别为27.3°、27.2°和31.1°,而加透镜之后,三种LED的平均光强扩散角分别为15.2°、15.3°和19.3°,平均光强扩散角分别减小了43.3%、43.6%、38.3%。为了更直观地看出加透镜的聚焦效果,挑选出白光、橙黄光和红光LED各1只,给出其光强分

布曲线,分别如图 5a)、b) 和 c) 所示。从图 5 中可以看出,三种 LED 的最大光强都位于法线方向附近,加透镜后曲线的光强半高宽(虚线)均明显比加透镜前(实线)变窄。由此可见,透镜对交通标志所用的 LED 发光能够有效起到聚焦作用,大大改善了 LED 发光在传播过程中的发散现象。

加透镜前后不同颜色 LED 的平均光强扩散角的对比   表 2

The average lighte intensity spread angle of different color LED before and after fixing optical lens   Table 2

颜色	有无透镜	平均光强扩散角(°)						平均值(°)	变化率(%)
		1	2	3	4	5	6		
白	无	27.3	27.1	27.1	27.1	27.5	27.9	27.3	43.3
	有	15.4	14.9	14.8	15	15.5	15.9	15.2	
橙黄	无	27.0	27.1	27.2	27.3	27.4	27.2	27.2	43.6
	有	22.2	19.5	18.4	16.4	11.7	3.8	15.3	
红	无	31.2	30.9	30.8	31.4	31.3	30.8	31.1	38.3
	有	21.3	19.1	20.4	21	18.3	15.6	19.3	

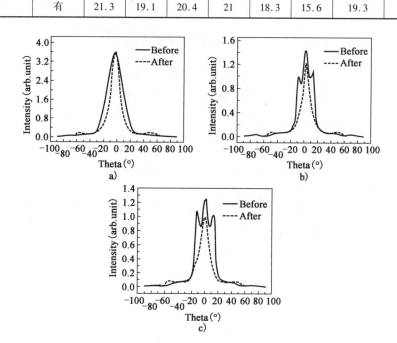

图 5   加透镜前后不同颜色 LED 的光强分布曲线

Figure 5   The light distribution curves of different color LED before and after fixing optical lens

5.3 多功能光学透镜对发光标志的改善

通过前文的分析可知,多功能光学透镜在保证单颗 LED 具有较高透射率的同时起到明显的聚焦作用,而点阵式主动发光道路交通标志中集成了大量的 LED,每颗 LED 需要一定的间距以保证标志的可视认性,因此,需要通过试验的方式确定多功能光学透镜对 LED 阵列视认性的改善效果。

如图 6 所示的 5×6 像素 LED 阵列,其点间距均为 35mm,左侧 3 列 LED 安装了透镜,右侧 3 列 LED 未安装透镜。正常工作条件下,两组 LED 阵列的视觉效果差异显著:由于透镜增加了 LED 出光面的面积,左侧阵列 LED 像素发光直径大于右侧,同时,由于透镜对 LED 平均光强扩散角的抑制作用,左侧阵列 LED 像素的光发散性显著改善,对比未安装透镜的 LED 阵列,整体视觉效果的均匀性更好、清晰度更高。因此,将 LED 与多功能透镜的组合应用在交通标志上时,能够从以下两方面提高其视认性:①发光像素直径比单颗 LED 大,能够在构成文字时,缩小像素间点间距,提高笔画发光的均匀性和连续性;②透镜减小了 LED 的发散角度,配以合适的 LED 间距,能够提高 LED 勾勒复杂图形和文字的清晰度。

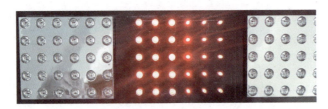

图 6 加透镜与不加透镜 LED 阵列的视觉效果对比
Figure 6 The visual contrast of LED dot-matrix with and without optical lens

经过前期的反复实验,研究成果最终形成了一系列加多功能光学透镜的新型点阵式主动发光道路交通标志产品。如图 7 所示,主要包括 a)、b):指路标志,c)、d):车道指示标志,e):禁令标志,f)~h):警示和指示道口标志,i)、j):双侧通行和弯道诱导标志,(k)、(l):雨、雪、雾、霾等天气预警标志。

目前,这一系列产品已经在全国不同道路得到广泛应用,包括城市道路、等级公路等,在不同的季节和气候环境下使用效果良好,有效提升了道路交通标志的安全保障能力,在恶劣气象条件下效果尤其显著。其中,多功能光学透镜的设计及应用为提升点阵式主动发光道路交通标志清晰度、视认距离提供了新的技术突破点,对于促进标志设施的优化升级具有重要作用。

图7 加多功能光学透镜的新型点阵式主动发光道路交通安全标志
Figure 7 The new dot-matrix self-luminous traffic signs fixed with multifunctional optical lens

6 结论

综上所述,根据点阵式主动发光道路交通标志、LED 尺寸以及 LED 发光特性,以聚碳酸酯材料为原料,设计并研制出了多功能光学透镜。该透镜高透过率窗口与 LED 匹配性良好,同时可以起到聚焦、抗老化、防水等多重作用,使点阵式主动发光道路交通标志发光更均匀,光线更柔和,显示更清晰,视认距离更远。新型点阵式主动发光道路交通标志在全国各个城市已经得到广泛应用,不但使这些城市的交通更加安全,还可以起到城市亮化和美化的作用。今后,随着新材料、新能源和新工艺的不断发展,新型点阵式主动发光道路交通标志的性能将会得到更进一步的提高。

参 考 文 献

[1] 丁伯林,刘干,马健霄,等.LED背投式主动发光道路交通标志的研发[J].公路交通科技,2015,1:34-39.

[2] 中华人民共和国国家标准.GB 5768.2—2009 道路交通标志和标线 第2部分 道路交通标志[S].北京:中国标准出版社,2009.

[3] 中华人民共和国国家标准.GB 50688—2011 城市道路交通设施设计规范[S].北京:中国计划出版社,2011.

[4] 中华人民共和国国家标准.GB 51038—2015 城市道路交通标志和标线设置规范[S].北京:中国计划出版社,2015.

[5] 丁伯林,刘干,马健霄,等.LED背光源道路交通标志研究[J],公路交通科技,2014,4:215-217.

[6] 张建中.太阳能LED道路交通标志在干线公路改建中的应用[J].山西交通科技,2011,10(5):78-80.

[7] 胡丽琴,黄文红,冯移冬.太阳能交通标志在高速公路应用研究[J].江西公路科技,2013,4:153-155.

[8] Siviour CR,Walley SM,Proud WG,et a1. The high strain rate compressive behavior of polycarbonate and polyvinylidene difluoride. Polymer,2005,46(26):12546-12555.

[9] 王彦荣,景政红.聚碳酸酯的生产工艺及市场[J].合成树脂及塑料,2010,27(5):58-63.

[10] 张贞祥.低温高抗冲阻燃聚碳酸酯的制备及性能研究[D].华南理工大学硕士学位论文,2013.

[11] 李小利,李贵贤.聚碳酸酯的合成工艺对比及进展分析[J].天津化工,2009,23(5):12-15.

[12] 孙欲晓,关俊超,周占发.聚碳酸酯生产及市场分析[J].塑料工业,2010,38(8):1-4.

[13] 熊兆贤.材料物理导论[M].北京:科学出版社,2007.

道路交通标志夜间视认性研究

姜 明 刘 干

1 新的出行环境、新的技术需求下,交通标志对于交通安全出行的意义愈加重要

1.1 我国快速发展的公路网络,对路网交通标志设置提出了更高的要求,公路交通标志设置问题受到行业、社会及广大道路使用者的广泛关注

(1)高密度路网、复杂交通流,需要规范、科学的交通标志、标线体系,提升道路交通管理有效性。

进入新世纪以来,我国公路建设快速发展,取得了举世瞩目的成就。公路通车里程、公路密度由2000年年底的140.27万公里、14.6公里/百平方公里增至2017年年底的477.35万公里、49.72公里/百平方公里。其中,高速公路通车里程由1.63万公里增至13.65万公里,二级及以上等级公路里程由18.9万公里增至62.22万公里。目前,我国高速公路通车里程已位居世界第一位,国家高速公路网骨架基本形成。与此同时,随着我国经济和建设的高速发展,城镇化进程大大加快,我国的汽车保有量逐年快速上升,交通需求以前所未有的速度迅速增长。据公安部统计:至2017年底,全国机动车保有量已达3.10亿辆,机动车驾驶人数量已达3.85亿人。汽车保有量2.17亿辆,53座大中城市汽车保有量超过百万辆。

道路基础设施的不断改善、公共运输体系的日渐成熟为实现居民出行方式选择的多元化奠定了坚实的基础。人民生活水平的不断提高,使出行方式发生了根本转变:自驾出行已经成为普通百姓的重要出行方式之一,非职业驾驶人比例不断上升,如图1所示。

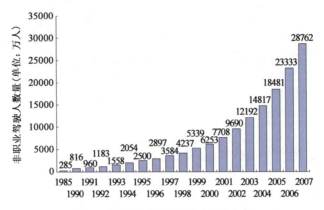

图1 我国数量激增的非职业驾驶人

在此背景下,道路使用者对科学、清晰的公路指引设施提出了更高的要求。交通标志特别是指路标志设置的科学性、合理性直接决定了道路使用者能否准确、快捷地获取道路信息,间接地影响着交通运行速度、交通延误和交通安全等问题。

交通运输部一直高度重视公路网交通标志、标线的标准化工作。于2009年相继发布实施国家标准《道路交通标志和标线》(GB 5768—2009),行业规范《公路交通标志和标线设置规范》(JTG D82—2009)。新的技术标准对国内外最新的科研成果进行了消化、吸收和适应性论证,明确了"路权"概念、强化了标志和标线的法律含义。针对高速公路和一般道路指路标志系统,建立了指路标志信息的分层体系,构建了"预告、指示、确认"指路标志三级设置体系,提出了"指路"与"指地点"相结合的路网化指路标志信息选取方法。以国家标准、行业技术规范作为指导,交通运输部实施了国家高速公路网指路标志完善工作。实施效果表明,国家标准、行业技术规范(图2)的发布实施有效提升了我国公路网交通标志、标线,特别是路网指路标志的设置科学性水平。

(2)区域一体化经济发展战略对构建区域性的规范、系统、科学交通标志体系特别是指引体系提出了迫切需求。

在全球经济一体化的发展形势下,我国许多省市正在编制区域一体化发展战略规划,出现了城市化高度发展的新局面和新机遇:京津冀区域一体化发展已经上升为国家战略的重要组成部分,珠三角、长三角区域一体化发展战略方兴未艾。以京津冀区域一体化为例,根据区域交通一体化要求,到2020年,计划形成京津冀9000公里的高速公路网和主要城市3小时公路交通圈。实现京津冀路网间的互联互通、快速、顺畅的通达交通圈体现了交通一体化的硬件目标,而交通软环境同样起着关键作用,在一定程度上直接影响到硬件设施作用的发挥。路网指路标志作为路网信息最重要的发布载体,是公路交通管理的最主要设施之一。在京津冀区域交通一体化平台层面,系统、科学的指路标志体系是充分发挥公路网服务功能,体现交通管理现代化、科学化水平的关键。因此,京津冀区域交通一体化发展对融合"两市一省"的路网指引体系,构建科学、有效的交通诱导系统提出了迫切的需求。

图2 我国公路交通标志和标线相关国家标准与行业技术规范

以京津冀地区进、出京高速公路体系为例,目前已存在京沪高速公路(G2)、京台高速公路(G3)、京港澳高速公路(G4)、京开高速公路(G45)等多条高速公路可以通达北京、天津、及河北省重要城市。如何通过指路标志科学的指引,对不同的路径加以区分,与路网功能紧密结合,为驾驶人提供最科学的指引是新形势下路网指路标志的重点、难点。

1.2 我国道路夜间交通事故居高不下,道路交通标志是性价比最高的道路交通安全管理设施。科学评价、有效提升交通标志夜间视认性对改善夜间交通安全状况,降低夜间交通事故率具有极其重要的意义

国内外数据表明,夜间交通事故的严重程度显著高于白天。在美国,2000年至2007年间,50%的机动车交通伤亡事故发生在夜间。而根据2001年美国联邦公路局和交通数据调查署(BTS)所进行的居民出行调查数据,在晚7:00至早6:00之间的平均英里交通量仅为全天的23%。因此,夜间的交通事故伤亡率几乎为白天的3倍。(Nighttime Visibility Fact and Statistics, 2008)。我国的情况相似。根据统计,2017年发生的一般以上交通事故中,发生在夜间的接近40%,夜间交通事故造成的死亡人数占全部交通事故死亡人数的近半数。而夜间交通量却不及白天的30%。由于夜间行车，驾驶员视野窄、视觉条件差、车速又较快，无法像白天那样清楚的观察周围的环境，在这种情况下，交通标志通过向驾驶员有效的传递道路信息，提供危险警示，成为了性价比最高的道路交通管理设施。

要发挥传递道路信息，诱导交通的作用，首先要让驾驶员能够"看的见、看的清"交通标志。目前，绝大多数交通标志为逆反射标志，在夜间通过逆反射材料对车灯进行反射而被驾驶人视认的。我国以往将交通标志的夜间可视性与标志反光膜的逆反射性能直接挂钩，认为逆发射性能好的标志，其视认性一定好，反之则视认性差。

通过分析，我们发现，以往的思路忽略了驾驶人对交通标志的实际视认效果。交通标志反光膜的逆反射系数只是一种材料特性，并不能与交通标志的视认效果直接画等号。诚然，当交通标志反光膜逆反射系数低于某一阈值时，由于反光性能的不足，会导致标志在夜间无法被有效视认，如图3和图4所示。

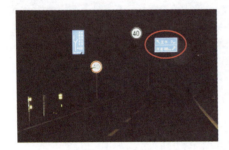

图3 指路标志因逆反射系数不足，导致夜间无法有效视认

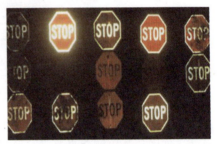

图4 指路标志因逆反射系数不足，导致夜间无法有效视认

同时，一些情况下，虽然交通标志采用了逆反射性能较好的反光膜，但是由于与周边环境的亮度相差过大，反而会产生光晕效果，降低交通标志的视认性如图5所示。因此，开展交通标志夜间视认有效性研究，提升交通标志夜间效果，具有重要意义。

图5 交通标志亮度与周边环境相差过大导致标志视认性下降

1.3 道路照明、低能见度气候环境,对我国交通标志夜间视认性提出了更高的要求

近年来,我国道路照明条件不断提升。很多使用者认为,良好的道路照明条件可有效提升交通标志的夜间视认性。其实,事实并非如此。公路照明对于交通标志夜间视认性确实会产生一定的影响,但这一影响多为负面影响。首先,根据我国国家标准《公路照明技术条件》(GB/T 24969—2010),照明质量的评价指标包括路面平均亮度或平均照度、路面亮度均匀度或照度均匀度、眩光限制、环境比和视觉诱导性。因此,公路照明并不是针对标志设置的,其功能要求也不包括提升标志的夜间视认性,照明设施无法有效提升标志夜间视认性(图6)。

图6 照明设施无法有效提升标志夜间视认性

美国 MUTCD 中也明确规定,夜间照明对交通标志的夜间视认性帮助非常有限,不应将公路照明作为提升公路交通标志夜间视认性的手段。同时强调,应注意夜间照明对交通标志夜间视认性的负作用影响。必要时,需要提升交通标志的夜间亮度,以减小道路夜间照明的负面影响。

此外,在雾、雾霾以及清晨逆光等环境下,由于车灯被散射无法有效照射到标志版面,造成传统逆反射标志视认性受限(图7和图8)。

图 7

图7　雾天气下,首都机场高速公路逆反射标志夜间视认性严重受限

图8　逆光、雾霾环境下,逆反射标志视认性严重受限

2　道路交通标志夜间视认性研究受到国际社会广泛关注

2.1　国内外主要技术标准均对提升交通标志夜间视认性提出了相关要求

鉴于夜间交通事故的严重,1993年,美国议会批准了美国运输部对夜间交通标志和交通标线逆反射系数最低要求的法令。10年之后的2003年,美国《交通管理设施设置技术手册》(MUTCD)中提出了交通标志和标线最低逆反射系数的要求。在四年后的2007年,MUTCD进行修订,提出了保证交通标志最低逆反射系数值的养护方法。同时,MUTCD给出了不同情况下,不满足最低逆反射系数要求的交通标志和标线进行更换的时间节点。由此可见,美国非常重视交通标志的夜间视认性能,在法律和技术标准层面均进行了明确的要求。美国对于交通标志反光膜的技术标准为 ASTM D4956,在这一标准中对于不同等级反光膜应满足的逆反射系数进行了要求。

我国交通标志的研究起步较晚,但近几年取得了一系列研究成果,基于研究成果制定、修订了一批标准、规范。国家标准《道路交通反光膜》(GB 18833—

2012)中,借鉴美国相关标准,将我国交通反光膜按逆反射原理分为玻璃珠型和微棱镜型。按光度性能分为 7 种类型。其中,Ⅰ类、Ⅱ类为透镜埋入式玻璃珠型结构,分别对应工程级反光膜、超工程级反光膜;Ⅲ类为密封胶囊式玻璃珠型结构,对应高强级反光膜;Ⅳ、Ⅴ、Ⅵ、Ⅶ类为微棱镜型结构,对应超强级反光膜、大角度反光膜、金属镀层反光膜以及临时性标志。在此基础上,我国国家标准《道路交通标志和标线 第 2 部分:道路交通标志》(GB 5768.2—2009)中 3.11 条,对交通标志逆反射反光膜的级别进行了原则要求:其中,标志背景环境影响大、行驶速度快、交通量大的道路宜选用逆反射性能好的材料;警告、禁令、指示标志等图形标志宜选用逆反射性能好的材料;曲线路段及平面交叉,宜选用大观测角度下仍具有良好逆反射性能的材料;门架标志、悬臂标志和车行道上方附着式标志宜选用逆反射性能好的材料;四级及以下公路、交通量很小的其他道路可选用工程级逆反射材料;指路标志字膜的逆反射性能宜高于底膜的逆反射性能;一般情况下,字膜和底膜材料的使用年限宜一致。

2.2 道路交通标志面板的养护周期与更换周期是世界性难题,亟须从视认性角度提出科学的检测方法并制定标准

由于交通标志的重要作用,有效的养护与更换是交通标志夜间视认性的重要保障。美国是世界上最早开展交通标志夜间视认性养护技术研究的国家。MUTCD 中提出了对于交通标志夜间视认性的几项主要的评价方法:

(1)培养、训练有经验的评价师,基于标准化的流程、相对明确的视觉评价标准、评价师的个人经验,采用现场评价的方式,对交通标志的夜间视认性进行评价。这一方法的缺点是,几乎完全依靠人的主观判断进行评价,缺乏定量化、统一的标准。

(2)测量交通标志的逆反射系数,与标准中规定的最低逆反射系数进行对比,不足最低逆反射系数的,进行更换。这一方法的缺点是,首先如前所述,交通标志的逆反射系数不能真实的反应其夜间视认效果;第二,在实际路况中,进行交通标志逆反射系数的测量必须阻断交通,对实际的交通运营会造成比较大的影响。

(3)通过数学模型,预测交通标志的寿命周期。这一方法的缺点是,受预测模型的精度影响很大,而目前的计算模型精度普遍较低。世界上很多专家、学者在长达近 20 年的时间里,对标志反光膜的逆反射系数衰减规律进行研究,希望得到理想的预测模型,为标志面板的养护周期与更换周期提供理论依据。

(4)结合计算模型与环境特征,预告本地区交通标志的最小使用寿命,以此

为周期,定期对标志进行更换。这一方法的缺点是,精确性不足,容易导致较大的浪费,也可能造成更换不及时的情况。

因此,作为交通标志夜间使用效果的保障,交通标志的视认性是判断其是否需要进行养护、更换的主要依据。同时,仅仅依靠标志本身的逆反射性能判断其视认性是不科学的,还需要考虑周围的照明环境、标志位置、道路线形、车型和车灯等众多因素,对其进行综合评价。

因此,美国、欧洲等发达国家和地区的设置要求,在设置有照明的高速公路上,同样通过设置外部照明设施提升交通标志的夜间视认性。但是,由于外部照明方式需要大量耗电,而且对灯具要求较高,容易出现标志版面照度不均的问题。因此,设置有照明的公路上,同样有必要设置主动发光标志提升标志的夜间视认性。

3 交通标志夜间视认性评价方法

3.1 基于逆反射系数衰减规律预测的交通标志夜间视认性评价方法

目前,我国道路交通标志主要依靠反光膜采用逆反射方法,实现夜间的有效视认。道路交通标志用反光膜是一种典型的逆反射材料,所谓逆反射是指在某一特定的长度范围内,某材料表面发生的反射光锥体与入射光锥体可以部分交叉在一起(相关的资料可见国标),能够实现将入射光线反射回到发光源附近的一种特性。这一特性对交通安全的贡献是非常大的:夜间行车,在没有道路专用照明、仅有车辆照明的情况下,交通标志反光膜能够响应车灯照明,为驾驶员提供一个清晰、易辨的信息平台。

从第一块反光膜在3M的实验室诞生到现在,反光膜材料已经衍变出了四代:1950′s的工程级膜、1970′s的高强级膜、1980′s~1990′s的钻石级膜、1990′s荧光膜以及近年来的大角度反光膜。在这一发展过程当中,材质的结构也完成了从玻璃珠结构向微棱镜结构的革命性飞跃,逆反射性能不断地提高。反光膜一般由面膜、透明树脂、高折射率玻璃微珠、金属反射层、背胶、背纸等组成(图9)。反光膜的厚度大约0.2mm,$1m^2$面积的反光膜中约有1万个球状折射元素,这些折射元素进行再归性反射,反光膜受到光线照射,光线就会朝着光源方向反射回来,反射回来的光线具有一定的方向性。

受到温度、湿度、太阳照射等多方面影响,随着设置时间的延长反光膜的逆反射性能会逐渐衰减,直至低于某一数值时,将无法被驾驶员有效视认。此时需要对交通标志进行养护、更换,否则将会产生重大的交通安全隐患。

在最低逆反射系数的研究成果及技术要求的基础上,交通标志反光膜使用

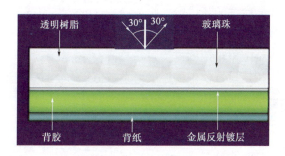

图9 玻璃微珠型反光膜原理结构示意图

寿命的预测问题受到各国研究学者、交通管理者的关注。对于交通标志反光膜逆反射系数的预测是指导交通标志反光膜维护和更换计划的基础。为保证交通标志的使用效果,美国科研机构和一些商业公司研究了交通标志反光膜在实际环境中的衰减特性,并且编制预测软件。美国联邦公路局的 Black 等人于 1992 年最早开始了对交通标志逆反射衰减规律的预测研究。其研究目的是找到影响交通标志反光膜衰减的主要因素并基于主要因素建立预测模型来准确估计标志反光膜的衰减。研究者收集了来自于美国 18 个不同地区的 5722 块标志的逆反射系数记录,研究中以标志颜色、类型、对比度、标志方向、场地海拔、地区类型、以及反光膜使用时间作为观测指标,该研究针对Ⅲ类反光膜,反光膜颜色包括绿色、红色、白色和黄色。研究发现反光膜的寿命一般都可以达到 12 年以上。散点图分析显示,其测试结果非常离散。比如使用五年的Ⅲ类反光膜(对应于中国的工程级反光膜)其逆反射系数区间从 150 到 390,红色Ⅲ类反光膜则从 10 到 90。其研究结论为,反光膜使用时间、海拔、温度是影响交通标志反光膜衰减的最主要因素。研究同时显示,标志角度和降雨量的差异性与标志反光膜反光性能衰减的关系不大。利用得到的这些重要因素,研究给出了每种颜色反光膜的线性衰减模型。该模型可以根据反光膜的使用时间预测其逆反射系数。但是该模型的相关性不强,R^2 从 0.2 到 0.5 不等。

2002 年,路易斯安那交通发展部(LDOTD)的 Brian Wolshon 等人对路易斯安那州内的 273 块交通标志进行了长期的跟踪检查和分析研究。该项研究通过分析多个不同级别、不同颜色的交通标志反光膜性能,以及影响交通标志逆反射系数的主要因素,建立了交通标志逆反射系数的预测模型。该预测模型的三个主要因素是:交通标志服役期、设置位置和设置方向。同时在统计数据基础上,回归得出了逆反射系数预测模型:

$$\text{AdjRefx} = \text{Intercept} - (\text{Coeff1} \times \text{Age}) + (\text{Coeff2} \times \text{EOPD}) + \text{Korient} \qquad (1)$$

式中：AdjRefx——调节后的逆反射系数值；
　　　Intercept——特定颜色/类型的逆反射系数值；
　　　Coeff1——特定服役期的逆反射系数值；
　　　Coeff2——特定设置位置的逆反射系数值；
　　　Age——设置时间；
　　　EOPD——距离路侧边缘线的距离；
　　　Korient——固定的方向常量。

该研究的成果证明 92% 的交通标志在厂家声明的期限内都会大于最小逆反射系数要求。超过声明期限的交通标志 43% 能够高于该最低值。研究人员提出了每种类型和颜色的交通标志反光膜的逆反射系数衰减的预测模型。研究结果显示交通标志的设置方向和与道路的距离对交通标志反光膜的衰减影响不大。该研究提出的关系模型仅对本地区的交通标志具有应用价值。

普渡大学的研究应用与 Wolshon 相似的方法进行研究，但是他们的目的是研究印第安纳州相应的Ⅲ类反光膜（对应于中国的工程级反光膜）10 年的服务时间是否需要缩短或加长。最终，1341 个三级反光膜得到了观测，颜色包括了红色、黄色和白色。很多标志都超过了 10 年的期限甚至达到了 16 年。最终，分析发现只有 7 个标志 10 年内衰减到最低逆反射系数以下。研究更延伸了一步，给出了反光膜逆反射系数衰减模型。在衰减模型中，红色反光膜具有最大的 R^2（0.32），白色反光膜具有最小的 $R^2$0.02。在预测模型和数据中有很大的不匹配性而且随着标志使用年限的增加不匹配性增加。最终，研究者不能完全支持预测模型但是他们建议白色和黄色反光膜的寿命时间可以超过 12 年，但是红色反光膜可以保持到 10 年。

2006 年 Rasdorf 等人为北卡罗来纳州交通研究所（NCDOT）进行了一项研究。他们采用了与前任相似的和可比较的研究方法。样本量包括在北卡罗来纳州的 1057 个 Ⅰ 类反光膜（对应于中国的高强级反光膜）和Ⅲ类反光膜以及四种不同颜色（对应于中国的工程级反光膜）。采用了线性模型，对数模型，多项式模型，幂指数模型和指数模型对反光膜的衰减规律进行预测描述。大部分的模型的相关性都不强，R^2 从 0.01 到 0.48。对所有的反光膜类型，白色的相关性最低而红色的相关性最强，这一结果与 Bischoff 和 Bullock 的研究结果相似。尽管相关性比较弱，但是大部分Ⅲ类反光膜的使用年限都超过了 10 年。

最近的一项研究是 2010 年，美国德克萨斯研究所（TTi）的 Jonathan、Jeffrey Paul 等人测量了 7 个州 21 个县郡，83 条公路上的共 859 块Ⅲ类反光膜标志。研究发现，99% 的标志在规定年限内符合 MUTCD 的要求，在 10 到 12 年批次的标志中，反光膜逆反射系数低于规定值的为2%，在12到15年批次中为8%。研究同样阐释白天光照时间的长短并不是一个理想的预测标志反光膜的方法。方差分析显示标志设置时间和各州之间的差异才是最重要的区别。线性模型显示各州标志的衰减率差异很大，无法用一个统一的模型描述全国的情况。白色反光膜每年的逆反射系数衰减的变化范围为 –2 到 –8，黄色是 –1 到 –12。同时，研究得到的线性模型的 R^2 都很低，从 0.1 到 0.3，基于此研究人员认为衰减率、预测模型和标志测量都应作为标志养护整体项目的一部分。他们可以提供一种依据，但是并不能决定标志的更换周期。

  在美国以外，1990年，澳大利亚的 Jenkins 和 Gennaoui 评价了2144块设置在澳大利亚六个地区的Ⅰ类和Ⅲ类标志反光膜的使用寿命。该项研究建立了标志反光膜逆反射系数值与设置时间的线性模型，同时发现标志板的朝向和设置位置对标志反光膜的逆反射系数衰减影响不大；工业厂矿较密集地区，交通标志反光膜逆反射系数衰减较快。

  以往国外的研究显示，设置时间是造成交通标志反光膜逆反射系数衰减的主要影响因素。各国学者以设置时间，设置地点的温度、湿度、海拔等影响因素作为自变量，反光膜逆反射系数值作为应变量建立了数学模型。数学模型的形式包括线性模型、二次函数模型、三次函数模型，以及指数函数、对数函数。但是模型的拟合度较低，R^2 均低于 0.3，最小值仅为 0.01。此外，数学模型的结果显示，是否对标志进行擦洗对其反光膜逆反射系数的衰减规律影响不大。

  从以往研究成果来看，由于交通标志的衰减受到温度、湿度、气候、光照、年龄、地理等多方面的影响，调查数据显现出较强的离散型，各项研究提出的预测模型的相关性不强，无法较好的预测交通标志反光膜的反光值，他们能为标志的养护提供一种依据，但是并不能决定标志的更换周期。同时，以往研究发现，地理和光照是影响交通标志反光膜的最主要因素。目前，中国针对交通标志反光膜衰减规律的研究还刚刚起步。如前所述，交通标志反光膜逆反射系数的衰减与设置时间、所设置的位置等因素有关。我国学者姜明等人对我国交通标志反光膜逆反射系数的衰减规律进行了研究。1998年，本项目研究人员将230块附着不同生产厂家、不同颜色、不同反光等级反光膜的交通标志样本放置在位于北京东南的交通运输部实验场的露天广场中。根据当时的行业技术要求和实际使用情况，试验反光膜的反光等级包括工程级反光膜、超工程级反光膜和高强级反光膜，分别对应我国新版标准中的第Ⅰ类、第Ⅱ类、第Ⅲ类反光膜。反光膜的颜色涵盖了我国国家标准中规定的黄色、红色、白色、蓝色、绿色。棕色、橙色反光膜由于仅用于旅游标志、临时性施工标志,使用范围较窄、用量较少,因此没有进行观测。试验场地海拔50m,年平均气温10~12℃,年平均降雨量400mm,是典型的温带半湿润气候,研究提出的不同颜色、不同级别反光膜逆反射系数衰减值预测模型见表1。

不同颜色、不同级别反光膜逆反射系数衰减值预测模型　　　　　表1

颜色	类别	预测模型	R^2
绿色	Ⅲ类	$y = 0.065t^3 + 0.012t^2 + 0.871$	0.413
	Ⅱ类	$y = 5.632\ln t - 9.853$	0.472
	Ⅰ类	$y = -1.26 + 0.49t - 0.05t^2 + 1.416 \times 10^{-5}t^3$	0.472
白色	Ⅲ类	$y = 105.271 + 1.5943t - 0.1115t^2 + 0.0006t^3$	0.559
	Ⅱ类	$y = 0.81\ln t + 2.353$	0.732
	Ⅰ类	$y = 393.0087 - 2.8453t - 0.0455t^2 - 0.002t^3$	0.581
蓝色	Ⅲ类	$y = 8.8 - 0.1373t - 0.0001t^2 - 4.8 \times 10^{-6}t^3$	0.48
	Ⅱ类	$y = 4.365 + 1.357t - 0.01t^2$	0.532
	Ⅰ类	$y = 19.3821 - 0.05t$	0.420
红色	Ⅲ类	$y = 7.253 - 0.477t + 0.011t^2 - 5.342 \times 10^{-5}t^3$	0.166
	Ⅱ类	$y = 13.52 + 0.632t - 0.04t^2$	0.560
	Ⅰ类	$y = 1.167 + 0.019t$	0.623
黄色	Ⅲ类	$y = 3.756 + 0.710t - 0.021t^2$	0.093
	Ⅱ类	$y = 4.455 + 0.35t - 0.12t^2 + 3.2 \times 10^{-3}t^3$	0.561
	Ⅰ类	$y = 3.696 - 0.147t + 0.003t^2$	0.585

进一步分析不同颜色、不同级别反光膜的衰减规律,其偏度与峰度均小于1,符合正态分布,如表2所示。

逆反射系数衰减值正态分布检验　　　　　表2

类别及颜色	白色			蓝色			红色			绿色			黄色		
	Ⅲ类	Ⅱ类	Ⅰ类	Ⅲ类	Ⅱ类	Ⅰ类	Ⅲ类	Ⅱ类	Ⅰ类	Ⅲ类	Ⅱ类	Ⅰ类	Ⅲ类	Ⅱ类	Ⅰ类
偏度	0.176	0.429	0.650	0.354	0.136	-0.282	-1.407	-1.012	-0.014	-1.047	-0.918	-0.896	-0.405	-0.353	0.892
峰度	-1.010	-1.102	-.859	-1.383	-1.662	-2.106	0.622	0.121	-1.102	0.011	-.427	-.577	-1.805	-1.032	0.056

分别对不同颜色同种反光等级、同种颜色不同反光等级的数据进行配对样本t检验,显著性水平α取为0.05。可知,反光膜逆反射系数衰减数据之间均存

在显著差异（$P < 0.05$）。

进一步分析交通标志反光膜的衰减规律。以一年（12 个月）为一个周期，研究反光膜每周期的衰减规律，如图 10 所示。可以发现，在设置最初的 3～4 年（0～48 个月）时间内，反光膜逆反射系数衰减值较多，如图 10 所示。

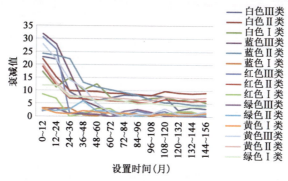

图 10　每 12 个月反光膜的衰减值

以本周期衰减值与初始值的比值作为衰减率。研究发现，如图 11 和表 3 所示，红色反光膜各个周期的逆反射系数衰减率变化幅度较大，其他颜色反光膜变化幅度较小，均在 20% 以内。

图 11　每 12 个月反光膜的衰减率

逆反射系数衰减值不同周期变化幅度　　　　　　　　　　表 3

	全距	极小值	极大值	均值
白色Ⅲ类	7.00%	2.00%	9.00%	4.46%
白色Ⅱ类	14.00%	15.00%	29.00%	18.85%
白色Ⅰ类	9.00%	12.00%	21.00%	16.15%
蓝色Ⅲ类	15.00%	0.00%	15.00%	4.15%

续上表

	全距	极小值	极大值	均值
蓝色Ⅱ类	4.00%	11.00%	15.00%	12.62%
蓝色Ⅰ类	8.00%	1.00%	9.00%	4.92%
红色Ⅲ类	42.00%	1.00%	43.00%	20.92%
红色Ⅱ类	28.00%	12.00%	40.00%	24.31%
红色Ⅰ类	16.00%	10.00%	26.00%	18.15%
绿色Ⅲ类	7.00%	1.00%	8.00%	3.46%
绿色Ⅱ类	21.00%	2.00%	23.00%	8.62%
绿色Ⅰ类	17.00%	8.00%	25.00%	16.38%
黄色Ⅲ类	13.00%	1.00%	14.00%	4.54%
黄色Ⅱ类	13.00%	9.00%	22.00%	14.54%
黄色Ⅰ类	17.00%	11.00%	28.00%	15.69%

通过以上分析可以发现,不同级别、不同颜色的交通标志反光膜的逆反射系数衰减规律差异性较大,说明反光膜的自身结构对其反光性能及衰减具有重要作用。比较各国的研究成果,发现不同国家、同一国家不同地区提出的预测模型具有较大差异,这说明设置地点的自然环境对反光膜逆反射系数的衰减规律同样具有较大影响。由于反光膜的衰减受到多种因素的影响,预测模型的 R^2 均较低,但是数学模型还是反映出设置时间与逆反射系数衰减值之间存在一定的关联性。本研究建立的反光膜逆反射系数衰减值与设置时间的关系模型,其拟合程度优于国外建立的反光膜逆反射系数值与设置时间的关系模型。通过对不同形式的数学模型进行分析,发现二次函数和三次函数模型往往具有更好的拟合性,这与 Bradford 等人的研究成果相似。同时,不同颜色、同一颜色不同类别的反光膜,其衰减规律存在显著差异。根据以上成果可知,基于逆反射系数衰减规律预测的交通标志夜间视认性评价方法具有一定的意义,但是由于影响因素较多且很难控制,因此,准确率和可靠度较低。

3.2 基于夜间视认性水平的交通标志夜间视认性评价方法

基于前述分析,以往的研究中均采用逆反射系数值来描述交通标志的反光性能。基于逆反射系数对交通标志夜间视认性进行评价时,存在以下关键问题:

(1)与实际视认效果存在差异;逆反射系数是反映反光能力的材料指标,并不能真实的反映众多影响因素下驾驶员的实际视认感受,因此不能客观反应道路交通标志夜间的实际使用效果。存在以上提到的,反光膜逆反射系数越高,反而视认性越差的问题。

(2)影响因素多,很难准确预测和观测。对于逆反射系数衰减的预测很难取得理想的结果,而且,逆反射系数的测量需要将测试仪器紧密地接触到测试对象上,在不阻断交通的情况下无法对头上标志进行有效的观测。此外,由于逆反射系数存在不同的测量角度,无法以逆反射系数作为指标对不同的反光膜做成的交通标志进行直接比较。

针对这一问题,国外学者自21世纪从评价驾驶员的实际感受出发,开始对视认性水平的概念进行研究。这一概念指标最早来源于道路照明领域,它的原理为比较观察目标的亮度值与其背景的亮度值,将实际观测得到的两者的亮度值之差与观察到目标所需的两者差值的理论极限值的比值称为视认性水平。其理论公式为:

$$VL = \frac{\Delta L_{actual}}{\Delta L_{threshold}} \tag{2}$$

式中:ΔL_{actual} ——观察目标的亮度值与背景亮度值之差;

$\Delta L_{threshold}$ ——观察目标的亮度值与背景亮度值之差的理论最低值。

借用道路照明中的理论,目前,美国的学者已经对标线及突起路标的视认性水平进行了研究。

利用视认性水平指标可以对设施的视认性效果进行量化,而且通过将该指标与道路反光设施的可视距离建立联系,能够使视认性评价更为科学、客观。

基于以上原因,视认性水平指标的研究,已经开始引起国际交通领域的更广泛注意,并被认为将是相关研究的重要发展趋势。本部分重点介绍基于夜间视认性水平的交通标志夜间视认性评价方法。

3.2.1 公路交通标志夜间最小视认距离研究

确定最小视认距离是制定公路交通标志夜间视认性水平的基础。本标准中公路交通标志夜间最小视认距离的确定方法如下所述:

1)美国的确定方法

美国是以夜间与白天具有同等的视认距离为原则,确定指路标志夜间的视认距离。根据美国相关研究成果,交通标志的识认过程包括发现标志,认知和辩识标志,决定路径,初步操作反应和完成需要的操作等五个阶段。根据MUTCD的要求,文字性交通标志的视认距离应该满足1in字高达到30ft的视认距离。也就是每厘米字高能够达到3.6m的视认距离。伴随着美国对标志字体的改进,以及对于老年人驾驶员不断增多的考虑,最新的研究成果均是以满足1in字高达到40ft的视认距离为标准。也就是每厘米字高能够达到4.8m的视认距离。在美国对于标志夜间视认性的研究中,是以达到与白天相同的视认距离作为前提,得到的相关技术指标。即在夜间,每厘米字高应能够达到 4.8m 的视认距离。因美国不同的指路标志,其字高不同。图形化标志是以文字式标志最远需要的视认距离,确定所需的亮度。

2) 本研究的方法

(1) 消失距离

驾驶员视认指路交通标志的先后顺序依次是发现、识别、判断和行为操作 4 个步骤。以十字交叉口为例,标志安装在路侧 F 点,驾驶员视认过程中实时地点的分布大致如图 12 所示。

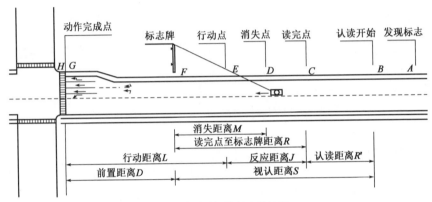

图 12　驾驶员视认标志的过程

首先,驾驶员发现标志后依次识别标志的颜色和形状。然后,进入视认距离范围内,驾驶员才开始阅读、理解标志信息,并采取相应的驾驶行为。最后,驾驶员驶入标志的消失距离,标志从驾驶员视野中消失。

要使驾驶员在有效距离内完成对标志信息内容的视认,就必须保证相应车速条件下驾驶员对汉字的感知、阅读、理解时间。交通部公路科学研究院的杨久龄和刘会学等通过试验得出驾驶员阅读、理解标志信息的时间 t 大约为 2.6s,并给出了如果标志为路侧安装时,标志的消失距离 D 为 43.7m 的结论。

根据西部课题《公路交通标志视认性及设置有效性研究》进行的相关试验结果为 $t=2.5s$,D 为 17m,要小于 43.7m。并且该课题组还研究了白天和夜间标志的消失距离,相关理论依据及结果如下。

同济大学人机与环境工程研究所丁玉兰教授给出人眼在水平视野范围内辨别字的视线角度为 10°~20°(在保证头部不左右上下转动的情况下);辨别字母的视线角度为 5°~30°。垂直视野是在假定标准视线是水平的,定为 0°,则最大垂直视区是视平线以上50°和视平线以下70°,颜色辨别界限是视平线以上30°和视平线以下40°,视平线以上对标志字体和字母的辨别界限都小于30°。基于以上理论,在充分考虑行车安全性,驾驶员头部不能随意转动情况下,对路侧标志的垂直可视角度 $\alpha = \dfrac{\Phi}{2}$ 取为15°。如图13所示,则 $\Phi = 2 \times 15° = 30°$。$\beta = \dfrac{\Phi}{2}$ 是驾驶员的水平视野的角度,在这里也取值为 $\beta = \dfrac{\Phi}{2} = 15°$。$\Phi$ 表示驾驶员视认标志汉字的水平视野和垂直视野角度的大小,为30°。

白天,以小汽车为例,驾驶员的坐高一般为1.2m,一般公路上交通标志的安装高度为5m左右,由图13可知,△AOC、△AOB和△ABC都是直角三角形。

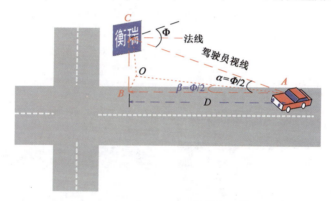

图13 白天标志消失距离计算示意图

"七五"国家重点科技项目(1990)给出的消失距离的计算方法是按图13中平面空间上的直角三角形 AOB 的三边关系计算的。其中:OB 是汽车所在位置到标志外侧边缘的距离。取值为14.2m。国标《道路交通标志和标线》(GB 5768—1999)认为驾驶员头部转动时,驾驶员的水平视野有效范围为36°;头部不转动时,有效范围为18°。那么消失距离 D 的大小就是直角△AOB 中直角边 BA 的大小。计算如下:

$$D = |BA| = OB \cdot ctg\beta = 14.2 \cdot ctg\dfrac{\Phi}{2} = 14.2 \cdot ctg18° = 43.7 (m) \quad (3)$$

此计算方法考虑的是驾驶员的平面内水平方向的视角(水平视野)的大小。当标志以门架方式设置时,驾驶员的观测条件是按图13中的 AC 所示的垂直方向(立体方向),应考虑驾驶员在垂直视野上方可视角度大小。研究成果表明:人眼的水平视野要大于垂直视野,所以不能简单地用平面直角△AOB 来计算消失距离的大小。并且汽车所在位置到标志外侧边缘距离 OB 的取值为14.2m,与垂直方

向的偏离视平线的值相差较大,本研究以直角△ABC为依据,计算步骤如下:

线段BC表示的高度为标志板的视认中心高度(一般取为6.5m)减去驾驶员的视高(小汽车为例取1.2m),BC的数值为6.5－1.2＝5.3m。在直角△ABC中有:

$$BC = AB \cdot \text{tg}\alpha = AB \cdot \text{tg}\frac{\Phi}{2} \quad (4)$$

由式(3)计算消失距离D的公式如下(垂直视野角度的大小仍按照辨别汉字的视线角度取值为15°,介于10°~20°之间):

$$D = AB \cdot \text{ctg}\frac{\Phi}{2} = 5.3 \cdot \text{ctg}15° = 19.8(\text{m}) \quad (5)$$

本课题组测量标志消失距离的现场试验照片如图14所示。安装标志牌的龙门架高度5m。试验车型为桑塔纳2000(视高为1.2m)。白天,针对试验标志板"国家"测试的消失距离平均值为15m左右,与理论分析的数值很接近。

图14　现场试验白天准备情况

驾驶员在夜间主要依靠车灯的照射和反光膜的逆反射作用视认交通标志,与白天的情况不同。夜间交通标志的消失距离不仅与驾驶员的垂直视角$\Phi/2$有关,而且与汽车前车灯的配光性能。车型坐高(视高)和反光膜特性有关。那么夜间交通标志的消失距离计算依据有:一是反光膜的逆反射性能;二是驾驶员的夜间垂直视野的大小;三是汽车前照灯的性能。视认原理大致如图15所示。其中:α是驾驶员的观察角;β是车灯的入射光线。

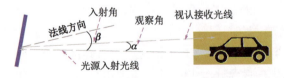

图15　反光膜逆反射原理

根据以往研究成果,对于路侧安装的交通标志,在夜间的消失距离17m。可见无论是半天还是夜晚理论计算的消失距离与实际测试消失距离有较大的差异,说明先前的理论计算有问题。

我们再回来研究一下理论计算的假设条件,假设认为"驾驶员的头部不动"这一条件在实际驾驶中是不成立的,实际驾驶中,不仅驾驶员的头部在动,而且眼睛也在快速的扫描,从我们的实际试验和对驾驶员的调查中得知,驾驶过程中驾驶员的视野并没有由于车速的提高变窄、变小,只不过是驾驶员的警戒水平随着车速的提高而提高了。根据以往研究我们知道:人眼在水平面内的视野,双眼视区大约在左右60°以内的区域;在垂直平面的视野,则最大视区为视平线以上50°和视平线以下70°。我们取45°作为水平视角计算路测的消失距离则有:

$$D = 14.2 \cdot \text{ctg}\frac{\varPhi}{2} = 14.2 \cdot \text{ctg}45° = 14.2 \text{ (m)} \tag{6}$$

此值与实际测试距离非常接近,考虑实际大气能见度和交通安全余度我们取2倍余量做设计依据,设计值30m较为合理。

(2)关于试验数据的意义

上面提到,在120km/h条件下,通过试验得出的试验用汉字字高60cm的视认距离为120.4m。应该说试验用汉字属于较复杂结构,也就是说这里的120.4m对于一般的交通标志来说,已经保留了一定的余量,在试验中能看清120.4m的汉字,在实际交通条件下也能看清交通标志上的汉字。按照安全视认距离的验算公式:

$$S \geqslant Vt + M \tag{7}$$

式中:S——视认距离,m;

V——车速,m/s,120km/h,换算为33.33m/s;

t——视读及反应时间,s,按国家标准规定的6条目的地时的视读时间2.5s;

M——消失距离,m,按本课题试验结果,取30m。

(3)最小视认距离理论值

根据以上理论推导,不同设计速度公路上交通标志的最小视认距离,见表4。

理论推导出的最小视认距离 表4

速度(km/h)	速度(m/s)	视认距离(m)	速度(km/h)	速度(m/s)	视认距离(m)
120	33	113	60	16	71
100	27	99	40	11	57
80	22	85	30	8	50

(4)根据指路标志白天的有效视认距离确定最小视认距离

美国是以交通标志在夜间与白天具有同等的视认距离为依据,确定交通标志在夜间的最小视认距离。根据2009版MUTCD的规定,交通标志应该满足1英寸的字高具有30英尺的视认距离。而根据美国最新的研究成果,考虑到老年人认读标志的需要,以及标志字体优化的积极影响,新的研究将1英寸字高需要具有40英尺的视认距离作为标准。根据2004年西部项目《公路交通标志视认性及设置有效性研究》中,得到的不同字高指路标志在白天的视认距离如表5所示。

通用试验数据　　　　　　　　　　　　　　表5

字高(cm)	30	35	40	45	50	60	65
视认距离(m)	72.8	83.6	92.5	103.6	111.4	120.4	124.9

(5)最小视认距离的选取

综合表4与表5,可提出各级公路交通标志应满足的视认距离。其中,高速公路和设计速度100km/h以上的一级公路,指路标志字高应在60cm以上,因此,规定最小视认距离为120m。设计速度、运行速度80km/h的一级公路、二级公路,字高应在50~60cm,综合理论值与白天的视认距离,确定最小视认距离为90m。其他的二级公路、三级公路,设计速度、运行速度多为60km/h、40km/h,综合表1和表2的要求,选取70m为最小视认距离。四级公路的设计速度多为30 km/h、20km/h,字高为30以下,以50m作为最小视认距离。

3.2.2　公路交通标志夜间最低和最高亮度研究

为得到驾驶员看清标志所需的亮度阈值,本项目采用的方法为:在相应的最小视认距离处,在暗环境中,利用主动发光标志测量驾驶员能够看清标志的最小亮度和最高亮度。这与国外的研究方法有所不同:国外的研究是采用车灯照射逆反射标志进行相关试验,调节车灯的强度以得到标志版面不同的亮度。然而,由于车灯的照度不均匀,标志版面的逆反射系数也不均匀,因此,亮度测量的均匀性不佳。在美国相关最新的报告以及研究人员的下一步研究计划中,已经准备利用内部照明标志开展相关试验。因此,本项目的研究方法是可行和科学的。

为了得到满足交通标志夜间视认的普适性指标,本项目分别选取了图形最为简单、图形最为复杂的警告、禁令标志、指示标志以及文字信息架构比较复杂的指路标志(表6)开展视认性研究。

试 验 标 志　　　　　　　　　表6

标志种类	类型	实验标志
警告标志	简单	
警告标志	复杂	
警告标志	文字	
禁令标志	简单	
禁令标志	简单	
禁令标志	复杂	
指示标志	简单	
指示标志	复杂	
一般道路指路标志	比画11画,中等复杂文字	
高速公路指路标志	比画均为13画,高复杂度文字	
旅游标志	比画11画,中等复杂文字	

本次试验在交通运输部公路交通试验场模拟隧道实验室进行。共有32名驾驶员参加了视认性试验,驾驶员的信息见表7。

试验驾驶员　　　　　　表7

序　号	性　别	年　龄	驾　龄
1	男	23	3
2	女	22	1
3	女	25	2
4	男	23	2
5	男	23	1
6	男	49	24
7	男	53	20
8	男	56	15
9	男	23	4
10	男	23	2
11	男	42	22
12	男	38	12
13	女	39	4
14	女	46	17
15	男	50	8
16	男	45	20
17	女	52	5
18	女	46	6
19	女	47	3
20	女	48	1
21	女	50	3
22	男	35	9
23	女	44	4
24	男	50	20
25	男	50	25
26	男	54	24
27	男	54	15
28	男	52	17
29	男	49	22
30	男	21	3
31	男	48	20
32	男	28	6

驾驶员中共有 22 名男性、10 名女性。为了得到可靠的数据,满足大多数驾驶员的需求,根据我国"公安部交通事故统计年鉴",交通事故中 50 岁以上的驾驶员占比很少。这一定程度上反映出在实际的交通运营中,50 岁以上的驾驶员驾车出行特别是在夜间出行的比例很少。因此,本项目选取了大量的 45 岁以上的驾驶员作为试验员(图 16),占全部试验人员的 56%,以保证得到的指标满足大多数驾驶员的需要。图 17 为试验标志安装与试验过程。图 18 为关灯时试验标志情况。

图 16　试验驾驶员

图 17　试验标志安装与试验过程(为看到试验环境主要构造,拍摄左下照片时,开启了车辆近光灯。实际试验中,不开车灯)

图 18　关灯时试验标志情况

通过试验,得到标志在完全黑暗环境下的最低和最高亮度。具体亮度要求在即将发布的行业技术标准《公路交通标志夜间视认性水平》中进行要求。国外相关研究中,不同的研究机构得到了不同的标志最低亮度要求(表8)。

国外研究机构得到的交通标志最低亮度阈值　　表8

序号	研究单位	最低亮度
1	AASHTO	22~44
2	IESNA	20
3	TTi(得到 MUTCD 最低逆反射系数的亮度)	16

根据试验数据发现,复杂图案的标志、笔画更多地文字信息标志所需要的亮度更大。为了满足绝大部分标志、驾驶员的视认需求,本研究所取得的数据为相关类别标志中复杂标志形式所有被试数据的 85% 分位数。这与国外相关研究数据选取方法基本一致。所得到的最低亮度普遍高于国外相关研究机构得到的最低亮度 2~3 倍。这与中国汉字具有明显复杂的文字结构有关。在本项目研究中,同样发现,笔画少的文字,其有效视认所需的亮度低于笔画多的文字。

基于取得的亮度阈值,根据视认性水平计算模型,行业技术标准《公路交通标志夜间视认性水平》中进行了要求。

附 件

附件 1

支撑本书应用研究成果的部分项目

1. 面板显示主动发光交通标志应用

南京市白下高新、禄口机场周边、扬子江隧道、仙林大学城、沪宁高速麒麟枢纽(半透型);

济南市主城区快速路与主干道(半透型);

贵阳市中环路隧道(半透型);

西安市南绕城高速长安/高新/丈八立交、空港新城、秦汉新城(半透型);

呼和浩特市城区主干路及二环快速路(半透型、全透型);

普洱市思茅区主干路(半透型、全透型);

本溪市主城区主干路(半透型、全透型);

琼海市主城区行人过街指示标志(全透型);

珠海市(机场至市区)公路安全生命防护工程(半透型);

长春市龙嘉机场高速、人民大街(半透型);

沈阳市五爱立交(半透型);

长治市迎宾大道、太行东街、英雄路(半透型);

盐城市新都路、南洋机场二号航站楼周边道路(半透型);

宿迁市人民大道(半透型);

青岛市四流中路(半透型);

广州市内环快速路鸿福路到火车站段、S29从莞深高速(半透型);

武汉市武汉大道、江北快速路(全透型、半透型);

太原市快速路及主干道路(半透型);

滁州市滁州大道、明光市环城路(半透型);

哈尔滨市道里区城乡高架快速路(时空同步);

登封市主城区道路(半透型);

乐山市主城区道路(半透型);

贵阳市花冠路、人民大道(半透型、时空同步、全透型);

昆明市二环快速路石虎关立交桥至大观河桥段高架桥、人民路(半透型)。

2. 点阵显示主动发光交通标志应用

南京市快速内环、纬一路、江东中路、洪武路、中山北路等；
青岛市市南区香港路、东海路等；
武汉市 2016 民生实事 175 处立交匝道和弯道；
南通市公路安全生命防护工程超过 3000 公里；
国家公路网指路标志调整改造合肥示范项目 G206 合淮界至舒城桃溪大桥段、G312 上海–霍尔果斯公路的合马界至六安金桥段、G329 肥东店埠至响导段、G330 李家洼村至肥西官驿段、G346 上海至安康的马鞍山至六安段等 5 条国道。
哈尔滨市绕城高速全程。

附件 2

LED 主动发光标志与逆反射标志
夜间视认性对比试验报告

委托单位：南京赛康交通安全科技股份有限公司
测试单位：交通运输部公路科学研究院公路交通
　　　　　安全工程研究中心
　　　　　二〇一六年三月

目 录

1 试验目的 …………………………………………………………… 168
2 试验设计 …………………………………………………………… 168
  2.1 试验变量 ……………………………………………………… 168
    2.1.1 自变量 …………………………………………………… 168
    2.1.2 因变量 …………………………………………………… 168
    2.1.3 其他变量及其控制 ……………………………………… 168
  2.2 试验环境 ……………………………………………………… 169
  2.3 试验标志及设备 ……………………………………………… 170
    2.3.1 试验标志 ………………………………………………… 170
    2.3.2 试验用字 ………………………………………………… 172
  2.4 试验标志的安装 ……………………………………………… 172
  2.5 试验数据采集设备 …………………………………………… 173
  2.6 试验人员 ……………………………………………………… 173
  2.7 试验流程 ……………………………………………………… 174
    2.7.1 指路标志试验组 ………………………………………… 174
    2.7.2 警告、禁令标志试验组 ………………………………… 174
3 数据采集与分析 …………………………………………………… 175
  3.1 数据采集 ……………………………………………………… 175
  3.2 数据分析 ……………………………………………………… 175
    3.2.1 城市道路指路标志 ……………………………………… 177
    3.2.2 高速公路指路标志 ……………………………………… 178
    3.2.3 警告禁令标志 …………………………………………… 180
4 试验结论 …………………………………………………………… 181

1 试验目的

受南京赛康交通安全科技股份有限公司委托,交通运输部公路科学研究院公路交通安全工程研究中心开展 LED 主动发光标志与逆反射标志夜间视认性对比试验。本次试验、评价工作的目的为:

(1)评价、比较常用形式的 LED 主动发光标志与逆反射标志的视认性差异;

(2)针对高速公路指路标志、一般道路指路标志提出最优的主动发光标志形式。

2 试验设计

2.1 试验变量

考虑到交通标志的功能及版面差异,本次实验分为高速公路指路标志、一般道路指路标志、警告和禁令标志三组进行。各试验组的自变量、因变量及其他变量控制如下所述。

2.1.1 自变量

各试验组的自变量均为标志的发光形式。城市道路和高速公路试验组包括逆反射标志(即非主动发光式)、点阵式主动发光标志和半透式主动发光标志三种。警告、禁令标志试验组分为逆反射标志(即非主动发光式)、点阵式主动发光标志两种。

2.1.2 因变量

各试验组的因变量为:驾驶员有效视认距离。

2.1.3 其他变量及其控制

(1)试验中车速控制:主动发光标志主要应用于城市主干道与高速公路,因此,本次实验主要考察以上两种交通运行环境下,主动发光标志的视认性特征。根据我国住房和城乡建设部行业标准《城市道路工程设计规范》(CJJ 37—2012)相关要求,城市主干道设计速度包括三个等级:60km/h、50km/h、40km/h。基于此并综合考虑我国主要道路类型,本次城市道路指路标志试验组和警告标志、禁令标志试验组的试验车速控制在 60km/h。根据我国交通运输部行业标准《公路工程技术标准》(JTG B01—2014),高速公路设计速度包括三个等级:120km/h、100km/h、80km/h。基于此并综合考虑我国高速公路主要类型,本次高速公路试验组的试验车速控制在 80km/h。

(2)试验路段线形:统一选取交通运输部实验场长直线路段开展试验。

2.2 试验环境

（1）试验场地

试验场地的选取应满足行车安全、方便更换标志板等要求。为避免试验时阻碍驾驶员的视线，试验场地不宜有过多的其他车辆干扰。综合以上因素，本次试验选取位于北京通州区的交通运输部公路交通试验场长直线试验路段作为试验路段，如图1所示。

图1　公路交通试验场长直线试验路段

长直线路段南北长2300m；东西最窄处为双向两车道，宽8m左右，路段中设有用于放置标志的龙门架，净空5.5m，长度13m。试验路段平面示意图如图2所示。

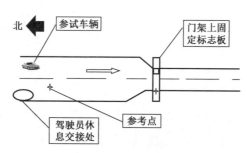

图2　试验路段平面示意图

试验道路路况较好，路面平整无障碍物，如图3所示。试验路面符合安全行车的要求，且对被试驾驶员无额外干扰。

（2）试验车辆

试验车辆的选取应具有一定的普遍性，本次试验选取的车辆车型为桑塔纳2000手动挡，车况良好，照明系统正常，如图4所示。

试验车辆的部分属性参数如表1所示，具有一定的代表性。

图 3　试验道路路况

图 4　试验车辆

试验车辆属性参数　　　　　　　　　　　　　　　　表 1

车　　型	车高(m)	座高(m)	灯高(m)	驾驶员视高(m)
小客车(桑塔纳2000)	1.37	0.49	0.64	1.20

2.3　试验标志及设备

2.3.1　试验标志

(1)标志选型

为获得具有典型意义的实验数据,试验中选取高速公路指路标志、一般道路指路标志及警告标志、禁令标志中典型标志类型作为试验标志。考虑到主动发光标志主要用于城市主干道与高速公路,试验标志类型及规格尺寸如表 2 所示。

试验标志类型　　　　　　　　　　　表 2

标志种类	实验标志类型
高速公路指路标志	出口标志
一般道路指路标志	十字交叉预告标志
警告标志	注意行人标志、左转急弯标志
禁令标志	限速标志

版面形式如图 5 所示。

a) 高速公路指路标志试验标志

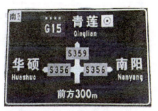
b) 城市道路指路标志试验标志

c) 警告标志、禁令标志试验标志

图 5　试验标志版面设计

(2) 标志规格

根据拟定的试验条件，依据我国国家标准《道路交通标志和标线　第 2 部分：道路交通标志》(GB 5768.2—2009) 的相关规定，60km/h 的设计速度对应标志汉字字高为 35 ~ 50cm；80km/h 的设计速度对应标志汉字字高为 50 ~ 60cm。根据我国当前指路标志设计选取的主要字高规格，基于代表性考虑，确定高速公路指路标志的试验标志字高为 60cm；一般道路指路标志的试验标志字高为 40cm。

各类试验标志的规格属性如表 3 所示。

试验标志规格属性　　　　　表 3

试验组别	标志类型	汉字字高 (cm)	标志尺寸 (cm)	标 志 属 性
城市道路标志实验组	指路标志，设有 LED 点阵式和半透式各一块	40	496 × 320	针对城市道路：采用Ⅲ类反光膜(高强级反光膜)。设有点阵式或内置式 LED 灯，LED 发光原件亮度可控制
高速公路标志实验组	指路标志，设有 LED，点阵式和半透式各一块	60	450 × 420	针对高速公路：采用Ⅴ类反光膜(钻石级反光膜)。设有点阵式或内置式 LED 灯，LED 发光原件亮度可控制

续上表

试验组别	标志类型	汉字字高（cm）	标志尺寸（cm）	标 志 属 性
警告禁令标志实验组	限速标志	—	直径120、100各一块	高强级反光膜,设有点阵式LED灯,LED发光原件亮度可调
	急弯标志	—	边长90	高强级反光膜,设有点阵式LED灯,LED发光原件亮度可调
	注意行人标志	—	边长110	高强级反光膜,设有点阵式LED灯,LED发光原件亮度可调

2.3.2 试验用字

(1)试验用字的选取遵循以下原则:

文字使用频率:在文字选择的过程中,避免过分突出文字的倾向出现,不能选择过分生僻或太过常见的文字。

文字来源:试验所用文字均取自全国各地路名之中,试验环境更加真实。同时,避免了一些不可控因素的影响。

笔画多少:首先,文字的笔画不宜过多或过少,因为,过多、过少都有可能造成文字喧宾夺主的情况,影响最初的试验目标。其次,将笔画分级,力争不同笔画的文字都有相当的比重。

字体结构:在选择试验用字时,避免特殊结构的文字出现,同时保证左右、上下与包围等常见结构的比重。试验字体选择方正大黑字体。

文字高度:交通标志的版面尺寸和汉字高度按照现行的国家标准《道路交通标志和标线》(GB 5768—2009)设计。

根据以上选取原则,选取我国交通运输部西部交通科技建设项目《公路交通标志视认性及设置有效性研究》开展相关标志试验时所选取的试验路名为本次试验用字,包括:"鼓楼""紫霞""青莲""华硕""南阳"五个路名。

(2)文字处理

根据以往研究成果,在文字的笔画粗细达到字高的1/14左右时,其视认距离最远、主观感受最佳。因此,本次试验用字直接使用了刻绘大师软件处理过的文字(文字的主笔画粗细在1/14左右)。

2.4 试验标志的安装

(1)标志安装位置

面向北面的门架上,靠东侧安装点阵式496cm×320cm的标志;靠西侧安装半透式 496cm×320cm 标志。在两块标志之间设置限速 80cm(直径 100cm),注意行人(边长 110cm),急弯标志(边长 90cm)。面向南面的门架上,靠东侧安装点阵式 450cm×420cm 的标志;靠西侧安装半透式 450cm×420cm 标志。在两块标志之间设置限速 80cm(直径 120cm),急弯标志(边长 90cm)。

标志安装现场如图 6 所示。

图 6　试验标志安装现场

(2)干扰标志的遮挡

实验过程中,根据各组实验的需求,需阶段性的遮挡一部分标志。标志的遮挡采用黑布直接覆盖的形式。实验前分别准备 2m×2m 黑布 8 块,6m×6m 黑布 2 块,用于遮挡标志。另准备胶带 3 卷,用于固定黑布。

2.5　试验数据采集设备

(1)高清车载视频采集系统一套

(2)VIDEO VBOX PRO GPS 数据采集系统一套

2.6　试验人员

(1)被试驾驶员

视觉生理学研究成果表明:年龄、性别及裸眼视力等因素对驾驶员的视认性能有显著的关系。根据影响标志视认性的主要生理指标对驾驶员的选取进行了分类,分类的主要依据是年龄与性别。原则上要求被试人员具有一定的代表性,以确保试验的真实性、可靠性和有效性。本次试验被试驾驶员的选取原则如下:

①被试驾驶员共 20 名:老年(50 岁以上)2 人,中年(35 至 50 岁)10 人,青年(20 至 35 岁)8 人;女性驾驶员 7 人,其中青年类分布 2 人、中年类分布 4 人,

老年类分布1人；

②所有被试驾驶员的矫正视力均在1.0以上(与国标模型中的$A_{绝对}$取1.0是一致的)，另外，所有被试没有在视觉生理上有明显个体差异的情况。

(2)试验工作人员

①标志安装及亮度控制人员若干名：负责更换事先准备好的交通标志板并进行亮度调节。

②数据采集人员1名：负责操作数据采集仪器并记录驾驶员视认点。

③试验指挥及协调员1名：负责对试验进行全局管理。

2.7 试验流程

2.7.1 指路标志试验组

试验开始前，在距离门架两端1.5km处，放置一个锥筒，作为标记点；将被试驾驶员按年龄段分布平均分为A、B两组并编号，其中A组在北侧等待试验，B组在南侧等待试验。启动数据记录仪，由A组驾驶员先开始试验，驶至南侧后换B组驾驶员，试验顺序为A1-B1-A2-B2…以此类推，直至A、B两组驾驶员易位。试验时，根据试验设计控制要求控制实验车辆车速。试验分为三个批次进行，分别为逆反射标志批次(不开LED)，点阵式LED主动发光批次，半透式式LED主动发光批次。

(1)第一批次试验，门架两侧设置的点阵式LED主动发光标志都不开灯(相当于逆反射标志)，用黑布遮盖两侧的半透式指路标志。车辆运动前，告知驾驶员寻找特定地点信息(A组为华硕，B组为紫霞)，当看清标志内容后，被试要立刻说出行驶方向(左转、直行、右转)。

(2)第二批次试验，门架两侧的点阵式LED主动发光标志开灯，用黑布遮盖两侧的半透式指路标志。车辆运动前，告知驾驶员寻找特定地点信息(A组为紫霞，B组为华硕)，当看清标志内容后，被试要立刻说出行驶方向(左转、直行、右转)。

(3)第三批次试验，门架两侧的半透式LED主动发光标志开灯，用黑布遮盖两侧的点阵式指路标志。车辆运动前，告知驾驶员寻找特定地点信息(A组为青莲，B组为鼓楼)，当看清标志内容后，被试要立刻说出行驶方向(左转、直行、右转)。

大致试验流程如图7所示。

2.7.2 警告、禁令标志试验组

驾驶员分组情况与前相同,告知驾驶员将速度控制在60km/h左右,两侧警告、禁令标志按照试验批次,由左至右依次试验,车辆运动前,告知驾驶员在看清

标志内容后,要立刻说出所看到的标志内容。分别测试主动发光不开灯与开灯时的视认距离。

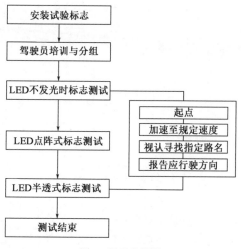

图 7　试验流程图

3　数据采集与分析

3.1　数据采集

试验过程中,当驾驶员找到目标内容并说出相关信息后,数据采集设备会记录声音发出的时间和位置,作为驾驶员有效视认点。同时数据采集人员也会填写实验记录表格,记录驾驶员编号和标识内容等信息。

3.2　数据分析

运用 Vbox Tools 软件,可对原始数据进行处理分析,根据 GPS 数据得出驾驶员的有效视认距离。软件的操作界面如图 8 所示。

试验数据的分析结果如表 4 所示(以逆反射标志的试验批次为例)。

逆反射标志试验组数据处理结果　　　　　　　　　表 4

逆反射标志试验组数据处理结果						
试验序号	驾驶员编号	试验标志	视认内容	行驶速度(km/h)	试验时间	视认距离(m)
1	A1	指路标志(城市道路)	华硕	60	20:13:25	121
2	B1	指路标志(高速公路)	紫霞	80	20:18:52	151
3	A2	指路标志(城市道路)	华硕	60	20:15:13	257
4	B2	指路标志(高速公路)	紫霞	80	20:20:10	177

续上表

			逆反射标志试验组数据处理结果			
试验序号	驾驶员编号	试验标志	视认内容	行驶速度(km/h)	试验时间	视认距离(m)
5	A3	指路标志(城市道路)	华硕	60	20:23:57	112
6	B3	指路标志(高速公路)	紫霞	80	20:25:42	168
7	A4	指路标志(城市道路)	华硕	60	20:24:20	108
8	B4	指路标志(高速公路)	紫霞	80	20:27:20	74
9	A5	指路标志(城市道路)	华硕	60	20:28:54	121
10	B5	指路标志(高速公路)	紫霞	80	20:31:42	156
11	A6	指路标志(城市道路)	华硕	60	20:30:38	193
12	B6	指路标志(高速公路)	紫霞	80	20:34:50	147
13	A7	指路标志(城市道路)	华硕	60	20:35:00	123
14	B7	指路标志(高速公路)	紫霞	80	20:39:20	168
15	A8	指路标志(城市道路)	华硕	60	20:39:50	175
16	B8	指路标志(高速公路)	紫霞	80	20:42:00	173
17	A9	指路标志(城市道路)	华硕	60	20:43:08	105
18	B9	指路标志(高速公路)	紫霞	80	20:46:13	163
19	A10	指路标志(城市道路)	华硕	60	20:44:56	102
20	B10	指路标志(高速公路)	紫霞	80	20:48:10	179

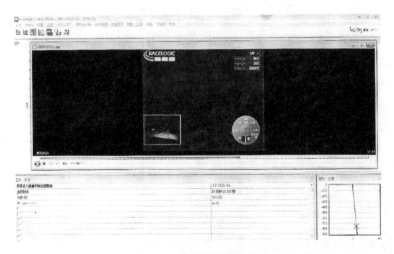

图8 Vbox Tools 软件操作界面

3.2.1 城市道路指路标志

根据拉依达准则 $|x_b - \bar{x}| > 3\sigma$ 对被试数据经行粗差处理,得到的有效样本数据统计情况如表5所示。

有效样本数据统计(城市道路标志)   表5

标志形式	逆反射标志	点阵式LED标志	半透式LED标志
有效样本	20人	19人	19人

对有效样本的视认距离数据进行算数平均,得到Ⅲ类反光膜(高强级)逆反射指路标志的平均有效视认距离为142m;点阵式LED主动发光指路标志的平均有效视认距离为131m;半透式LED主动发光指路标志的平均有效视认距离为211m,如图9所示。

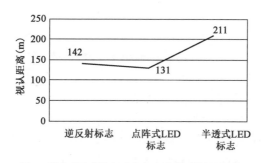

图9 城市道路指路标志各标志形式平均视认距离

运用SPSS软件绘制数据箱式图,对数据的离散性进行考察,如图10所示。从数据箱式图可以看出,Ⅲ类反光膜(高强级)逆反射指路标志和城市道路点阵式LED发光标志的数据离散性稍大;城市道路半透式LED发光标志聚集性较

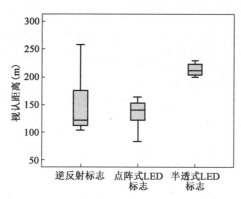

图10 城市道路指路标志各标志形式数据箱式图

好。此外,在视认均值和25%分位、75%分位数值方面,半透式主动发光标志均优于另外两种形式。

绘制三种形式标志的视认距离累计频率曲线,如图11所示。可以发现,半透式主动发光标志视认距离明显优于另外两种形式标志的视认距离。

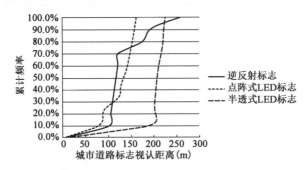

图11 城市道路指路标志各标志形式视认距离累计频率

通过S-W检验,发现三组数据 P 值均大于0.05,如表6所示,因此均服从正态分布。在此基础上,进行两两差异性检验。根据差异性检验结果,Ⅲ类反光膜(高强级)逆反射指路标志和城市道路点阵式LED标志的视认距离不存在显著性差异,但城市道路半透式LED主动发光标志的视认距离与其他两种标志均存在显著性差异,说明该种标志的视认性能与前两者相比有明显差别。

城市道路指路标志平均视认距离差异性检验　　　　　表6

	逆反射标志	点阵式LED标志	半透式LED标志
S-W检验	0.056	0.213	0.302

综合以上分析,得出如下结论:对于一般城市道路指路标志,半透式LED主动发光标志的视认性最好,并且明显优于Ⅲ类反光膜(高强级)逆反射指路标志和点阵式LED主动发光标志。其中,半透式LED主动发光标志的视认距离比Ⅲ类反光膜(高强级)逆反射指路标志的视认距离提升46%。

3.2.2 高速公路指路标志

根据拉依达准则 $|x_b - \bar{x}| > 3\sigma$ 对被试数据经行粗差处理,得到的有效样本数据统计情况如表7所示。

有效样本数据统计(高速公路标志)　　　　　表7

标志形式	逆反射标志	点阵式LED标志	半透式LED标志
有效样本	20人	20人	19人

对有效样本的视认距离数据进行平均,得到Ⅴ类反光膜(钻石级)逆反射指

路标志的平均有效视认距离为 162m；点阵式 LED 主动发光指路标志的平均有效视认距离为 264m；半透式 LED 主动发光指路标志的平均有效视认距离为 244m。如图 12 所示。

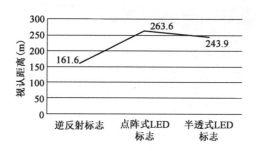

图 12 高速公路指路标志各标志形式平均视认距离

运用 SPSS 软件绘制数据箱式图，对数据的离散性进行考察，如图 13 所示。从数据箱式图可以看出，三种标志的数据离散性均较小。此外，在视认均值和 25% 分位、75% 分位数值方面，点阵式 LED 标志和半透式 LED 标志的视认距离均优于 V 类反光膜（钻石级）逆反射指路标志。

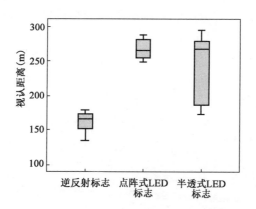

图 13 高速公路指路标志各标志形式数据箱式图

绘制三种形式标志的视认距离累计频率曲线，如图 14 所示，由图中可以看出，半透式和点阵式发光标志视认距离较为相近，且皆明显大于逆反射标志的视认距离。

通过 S-W 检验，发现三组数据 P 值均大于 0.05，如表 8 所示，因此均服从正态分布。在此基础上，进行两两差异性检验。根据差异性检验结果，高速公路点阵式 LED 标志和高速公路半透式 LED 标志的视认距离不存在显著性差异，但以上两种标志与Ⅴ类反光膜(钻石级)逆反射指路标志的视认距离均存在显著性差异。

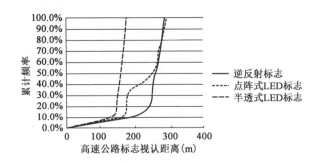

图 14　高速公路指路标志各标志形式视认距离累计频率

高速公路指路标志平均视认距离差异性检验　　　　　　　　　　　表 8

	逆反射标志	点阵式 LED 标志	半透式 LED 标志
S-W 检验	0.616	0.062	0.061

综合以上分析,得出如下结论:对于高速公路指路标志,LED 主动发光标志视认效果明显优于Ⅴ类反光膜(钻石级)逆反射指路标志。点阵式 LED 主动发光标志与半透式 LED 主动发光标志的视认效果差异不大。主动发光标志的视认距离比Ⅴ类反光膜(钻石级)逆反射指路标志的视认距离提升63%。

3.2.3　警告禁令标志

对于点阵式 LED 主动发光警告、禁令标志,剔除无效数据并进行数据处理,得出逆反射标志与主动发光标志的平均视认距离对比如图 15 所示。

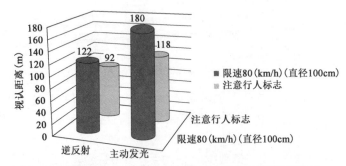

a) 直径100cm的限速标志和注意行人标志逆反射与主动发光视认距离对比

图　15

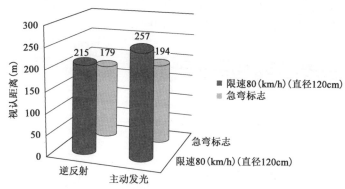

b) 直径120cm的限速标志和急弯标志逆反射与主动发光视认距离对比

图15 逆反射与主动发光各警告禁令标志视认距离对比

从视认距离分析图中可以看出,主动发光标志的视认距离比Ⅲ类反光膜(高强级)逆反射标志的视认距离提升20%左右。可以得出结论:主动发光标志具有更优的视认性。

4 试验结论

综合对以上三个实验批次,三种形式的标志视认效果分析,可得出以下结论:

(1)一般城市道路指路标志,Ⅲ类反光膜(高强级)逆反射指路标志的平均有效视认距离为142m;点阵式LED主动发光指路标志的平均有效视认距离为131m;半透式LED主动发光指路标志的平均有效视认距离为211m。

对视认距离进行差异性比较分析,结果显示城市道路半透式LED标志的视认距离与其它两种标志均存在显著性差异。这说明半透式LED主动发光指路标志的视认性最优,并且明显优于Ⅲ类反光膜(高强级)逆反射指路标志和点阵式LED主动发光标志。其中,半透式LED主动发光标志的视认距离比Ⅲ类反光膜(高强级)逆反射指路标志的视认距离提升46%。

(2)高速公路指路标志,Ⅴ类反光膜(钻石级)逆反射指路标志的平均有效视认距离为162m;点阵式LED主动发光指路标志的平均有效视认距离为264m;半透式LED主动发光指路标志的平均有效视认距离为244m。

对视认距离进行差异性比较分析,结果显示主动发光标志与逆反射标志的视认距离存在显著性差异。这说明LED主动发光标志视认效果明显优于Ⅴ类反光膜(钻石级)逆反射指路标志,而点阵式LED主动发光标志与半透式LED

主动发光标志的视认效果则差异不大。主动发光标志的视认距离比Ⅴ类反光膜（钻石级）逆反射指路标志的视认距离提升63%。

(3) 警告标志与禁令标志，主动发光标志较Ⅲ类反光膜（高强级）逆反射标志具有更优的视认性，视认距离提升20%。

附件3

成果	登记号	
登记	批准日期	

科学技术成果鉴定证书

中公鉴字[2016]第35号

成 果 名 称：基于物联网、视觉融合、环境感知的智能型
主动发光标志技术研究
完成单位(盖章)：南京赛康交通安全科技股份有限公司
鉴 定 形 式：会议鉴定
组织鉴定单位：中国公路学会(盖章)
鉴 定 日 期：2016年11月15日
鉴定批准日期：2016年12月15日

简要技术说明及主要技术性能指标

基于物联网、视觉融合、环境感知的智能型主动发光标志,是通过对区间交通数据进行采集、解析、存储、传输,并通过LED主动发光标志进行反馈,形成人、车、路、标志的动态闭环联动系统。该产品具有两大显著特点:

(1)标志面板上文字、图案等交通信息能主动发光,有效提高标志可视距离;

(2)通过物联网技术,根据道路实际路况进行预报,以提高道路通行率。

一、立项背景

传统的逆反射标志在夜晚或光照不佳的交通环境中,需要通过机动车大灯照射才能被动反射交通信息,对于不具备自身光照条件的慢行交通者,无法准确获知路段交通信息,以主动发光标志为信息反馈载体,不仅能照顾到慢行交通者,体现城市文明,同时也能避免因远光灯频繁照射而诱发的交通事故隐患,特别在雾霾、逆光、冰凝、结露、雪霜等恶劣交通环境中,主动发光标志变被动反光为主动发光,能有效提高恶劣环境下对标志的视认性。

传统的逆反射标志只能传递不可变的区域交通信息,无法适应不断处于动态变化的交通环境,随着机动车保有量的不断增加,城市道路路网的优化升级,某个区域的交通因素在不同时段会有不同的数据模型,传统单一标志已不再适应不断变化的路况信息,无法保证道路交通的安全、秩序、高效、及时。

因此研发基于物联网技术的LED主动发光道路交通标志已成为了必然。

二、研究内容及关键技术

基于物联网技术的智能交通解析诱导系统技术关键在于实现:

1. LED主动发光技术

主动发光标志领域按光源可以分为面光源和点光源。点光源是在标面板上文字、图案上设有若干个点光源,从而形成线光源勾勒出发光的文字、图案。在满足人眼视觉视认性的要求下,通过不同试验组合研究分析、理论计算及仿真等手段,从控制LED主动发光道路交通标志生产成本和节约源的角度,确定LED像素间距、LED单管半强角和LED单管发光强度三个参数的最佳合理取值范围。

面光源是通过若干个点光源有序排在一起形成成面光源,通过独特的结构设计、光学设计,将面光源转入标志内部,使交通标志的文字、图案部分能主动发光,同时仍具有传统标志的反光功能,即在标志断电的情况下,在车辆大灯照射时,标志仍能被动发光。此发光均匀、柔和,提高驾驶员的舒适度,夜晚提示道路信息降低事故发生率,美化城市。

2. 标志环境感知智能控制技术

(1)标志装有光感系统,采用太阳能压降分析式电压输出控制装置,当外界的照度低于(高于)一定值时,标志自动开启(关闭)标志,即白天自动熄灭,晚上自动发光。

(2)自动调光系统,标志控制器通过照度传感器感知外界环境亮度值并自动调整标志的发光亮度,在保证视认距离的基础上节约电能,避免光污染。

3. 通过物联网技术,根据道路实际路况进行预报

(1)智能信息路况信息显示部分:标志设有LED信息显示屏,可根据实际路况,通过无线网络自动或人工发布相关警示信息,引导驾驶员;智能诱导标志系统可根据其他系统(相关系统)采集路口路段交通信息,实施自动或手动显示交通畅通、拥堵信息;

(2)数据采集:通过独立线圈感应模式对交通数据进行采集,通过对数据实时分析,以预测城市道路交通信息为基础,实现城市道路交通拥堵管理、主动诱导,提高道路的通行率。

续上表

推广应用前景与措施

本项目首先对比分析了目前道路上使用的传统逆反射标志、LED 点阵式主动发光道路交通标志、LED 背投式主动发光道路交通标志等主要三种类型道路交通标志的优缺点，为了验证三类标志的夜间视认距离，我们和交通运输部公路科学研究院合作实地测试了三类标志的夜间视认距离，试验得出两类主动发光道路交通标志的夜间视认距离明显优于传统逆反射标志。
    其次，LED 点阵式主动发光道路交通标志发光像素视觉融合性研究是公路交通安全技术交通行业重点实验室开放课题，针对 LED 主动发光道路交通标志，通过试验分析研究和理论计算，采用静态视认方式，分别研究 LED 像素间距、LED 单管半强角、LED 单管发光强度对主动发光道路交通标志视觉融合性的影响；在此基础上提出了经济、合理的 LED 选型和设计方法。
    再次，LED 背投式主动发光交通标志基于大角度 LED 均光技术开展了研发设计。根据标志的设计亮度计算，试验出 LED 数量范围，并通过 LED 的光强分布图、标志的厚度，设计出 LED 的间距，保证标志的亮度均匀性。我们还对点光源转变为高亮面光源的实现方法进行分析，实验总结出微棱镜型反光膜作为透光材料的使用方法，并进行了该方法实现的指路标志结构设计。通过 LED 陈列作为背光源，透过正面镂空设计的铝制型材和棱镜型反光膜而发光，对于要高对比度反映的文字、数字用深色反光膜覆盖，实现了该标志白天完全与普通交通标志显示效果一样，夜间则表现出主动发光或逆反射反光的性能。LED 背投式主动发光指路标志不同于传统的逆反射标志和点阵式主动发光标志，由于设计了 LED 阵列背光源透过反光膜的形式发光，即使部分 LED 失效也不影响标志的整体亮度；当大面积 LED 失效后会造成发光字部分明暗不一，但只会影响标志的美观程度，正面显示的内容不受背光影响，安全可靠。
    再再次，本项目所研发的基于物联网、视觉融合、环境感知的智能型主动发光道路交通标志，标志图案和文字即可以采用 LED 点阵式主动发光也可以采用 LED 背投式主动发光。两类主动发光标志具有环境感知功能白天不亮依靠反光膜被动发光，夜间主动发光并根据环境亮度调整自身发光亮度，尤其在极端天气条件下仍可一目了然，有效降低驾驶员远光使用率，降低因远光引发的交通事故。
    最后，将道路交通拥堵信息集成到交通标志牌中，通过光带路网信息屏的不同颜色传递前方交通畅通状况，将主动发光技术和交通诱导技术相结合，引导驾驶员合理选择交通路径，本项目数据采集方式借用了高德地图对路况的预测结果，并兼容交管部门后台数据，同时可手动干预播报结果，使诱导标志播报的路网信息更加准确同时加入导向箭头元素，嵌入 LED 点状光源，通过无线控制 LED 点光源显示红黄绿三种不同颜色，分别表示导向路段的交通畅通状况，并且应用物联网技术，将诱导标志接入局域网中，并将路网不同的拥堵状况以红黄绿三种图形融入诱导标志的光带屏中。为使诱导屏对路网信息播报的更加准确，集成标志可实现手动于预播报结果，以防止自动播不准确的情况下，实现人工干预。引导驾驶员合理选择交通路径，充分利用城市道路资，缓解拥堵路段的交通压力。

主要技术文件目录及来源

技术文件一：
  "基于物联网、视觉融合、环境感知的智能型主动发光标志技术研究"研究报告——课题组
技术文件二：
  "基于物联网、视觉融合、环境感知的智能型主动发光标志技术研究"查新报告——教育部科技查新工作站

续上表

技术文件三：
"江苏省南通市公路处"应用证明——江苏省南通市公路处
技术文件四：
"LED 主动发光标志与逆反射标志夜间视认性对比试验报告"——交通运输部公路科学研究院公路交通安全工程研究中心
技术文件五：
"赛康太阳能发光标志调光程序软件 V1.0""赛康太阳能无线诱导程序软件 V1.0""赛康 SIM 远程智能信息控制软件 V1.0""赛康交通通行动态控制程序软件 V1.0""实景全彩反光膜制作方法""凹弧式主动发光标志""一种交通信息发光标志""模块化太阳能主动发光标志牌""太阳能蓄电池装置""LED 背投式主动发光道路交通标志""超薄型 LED 发光标志""一种新型 LED 光学透镜""一种全透型发光道路标志"——中华人民共和国国家知识产权局
技术文件六：
经济社会效益报告——南京赛康交通安全科技股份有限公司
技术文件七：
"基于主动发光安全设施的农村公路安全防护工程实施效果评价"论文发表——公路与交通，总第 175 期

鉴定意见

2016 年 11 月 15 日，中国公路学会在北京主持召开了"基于物联网、视觉融合、环境感知的智能型主动发光标志技术研究"课题成果鉴定会。鉴定委员会(专家名单附后)听取了课题组的汇报，审阅了有关技术资料，经讨论形成鉴定意见如下：

（一）课题组提供的资料齐全、内容完整，符合科技成果鉴定要求。

（二）课题取得了以下主要创新性成果：

1. 研发了逆反射与主动发光相融合的智能型道路交通标志，解决了逆反射道路交通标志在低能见度环境下视认性受限、主动发光元件耐久性和节能性不佳等技术瓶颈，实现了道路交通标志技术的突破；

2. 基于光显示技术研发了像素视觉融合性 LED 发光元件，将 LED 点光源转化为面光源，有效提高了低能见度环境下交通标志视认性 40%～60%；

3. 研发了太阳能压降电路输出技术，实现环境照度的智能感知并调节亮度，相比外部或灯箱照明能耗降低 90% 以上；

4. 基于物联网技术，研发了一种附加道路通行状态信息的新型指路标志，提高了交通参与者对交通信息获取的便捷性。

（三）本课题研究成果支撑了国家标准《LED 主动发光道路交通标志》(CB/T 31446)以及行业标准《城市地下道路交通标志和标线设置规范》、《LED 主动发光标志设置技术规范》的编制，获得专利 52 项，发表论文 17 篇，并已在国内各省以及美国、荷兰、东南亚、非洲等国家和地区推广应用，社会经济效益显著。

综上所述，该课题研究成果总体上达到国际先进水平。其中，应用于道路交通标志的像素视觉融合性 LED 发光元件的研发达到国际领先水平。

建议：进一步加强推广应用。

鉴定委员会主任：王凡
副主任：姜明
中国公路学会
2016 年 11 月 15 日

附件 4

关于设置照明的公路上主动发光标志设置必要性的说明

根据我国国家标准《公路照明技术条件》(GB/T 24969—2010),公路照明的主要作用是提升路面的亮度与照度,保障安全行车。根据我国国家标准《道路交通标志和标线》(GB 5768—2009)中规定,道路交通标志是以颜色、形状、字符、图形等向道路使用者传递信息,用于管理交通的设施。因此,公路照明与交通标志在功能需求,设置要求方面各不相同,并不存在互补性。

下面将从主动发光标志设置的意义,公路照明与标志夜间视认性的关系等方面详细论述。

一、设置主动发光标志的意义

交通标志是交通管理部门进行交通管理的最重要手段。在美国联邦公路局一项长达十年的技术研究中,对各种交通安全设施的效用进行了比较,交通标志被认为是性价比最高的交通安全设施。

交通标志夜间的引导效果取决于其视认性的优劣。逆反射交通标志通过反光膜对车辆灯光的逆反射而被驾驶员视认,因此,其夜间视认性受到车灯照射、反光膜等级、背景环境等制约。只有同时满足:车灯照射到标志板面上,标志板版面设置了有效的反光膜,背景光不强(不存在逆光或强光源)等三个条件时,才可以被有效视认。然而,在实际的交通环境中,较普遍的存在车辆近光灯无法照射到路侧标志板面上,逆光或低能见度环境,车灯无法有效照射标志等问题,见图1、图2。

图1 夜间因车灯无法照射到标志导致标志无法视认

图2 背景光较强时,逆反射标志视认性不佳

根据交通运输部公路交通安全工程研究中心的测试结果,对于高速公路指路标志,LED主动发光标志视认效果明显优于V类反光膜(钻石级)逆反射指路标志。点阵式LED主动发光标志与半透式LED主动发光标志的视认效果差异不大。主动发光标志的视认距离比V类反光膜(钻石级)逆反射指路标志的视认距离提升63%。

二、公路照明的功能不包括标志照明,同样有必要设置主动发光标志提升标志夜间视认性

根据我国国家标准《公路照明技术条件》(GB/T 24969—2010),照明质量的评价指标包括路面平均亮度或平均照度、路面亮度均匀度或照度均匀度、炫光限制、环境比和视觉诱导性。因此,公路照明并不是针对标志设置的,其功能要求也不包括提升标志的夜间视认性,见图3。

根据美国、欧洲等发达国家的设置要求,在设置有照明的高速公路上,同样通过设置外部照明设施提升交通标志的夜间视认性,如图4、图5所示。但是,由于外部照明方式需要大量耗电,而且对灯具要求较高,容易出现标志版面照度不均的问题。因此,设置有照明的公路上,同样有必要设置主动发光标志提升标志的夜间视认性。

图3 照明设施无法有效提升标志夜间视认性

图4 美国设置照明设施的公路上,交通标志夜间通过外部照明提升视认性

a)

b)

图5 欧洲示例

三、设置照明的公路上,照明设施不仅无法加强而且可能降低逆反射标志的夜间视认性

由于高速公路的照明设施设计与交通标志设计分别遵循不同的标准,由不同专业的设计人员进行设计,因此,其设置间距难以控制。当照明设施与交通标志距离较近时,由于照明设施的亮度明显高于逆反射标志的亮度,因此,会使驾驶员感觉标志很暗,无法看清,如图 6 所示。

图 6 公路照明过高的亮度反而会降低标志夜间视认性

四、总结

基于以上分析,设置主动发光标志是提升交通标志夜间视认性的有效手段。公路照明并不能提高标志的夜间视认性,设置主动发光标志同样具有必要性。

交通运输部公路交通安全工程研究中心
2016.7.8

附件 5

应用主动发光技术提高道路交通安全的测试评价

结题报告
（节选）

南京赛康交通安全科技股份有限公司
同济大学
2017 年 10 月

LED 主动发光标志投资效益比分析

一、研究背景与意义

如今,应用反光膜技术的传统逆反射交通标志已被广泛应用于公路交通。驾驶员对逆反射交通标志的识别、认读必须依赖光的照射与逆反射。在光源严重不足的夜间及雨雪雾霾等能见度低的恶劣天气条件下,驾驶员需要开启车辆远光灯才能清楚认读标志内容,而违规开启远光灯是造成交通事故的重要原因之一,给出行人员的人身财产安全带来了很大的威胁。因此,高亮低压、高寿低能耗的主动发光标志在弥补逆反射标志的缺陷方面具有很好的前瞻性,只是目前仍处于试用阶段。在市场中,产品的投资效益比是影响其推广与使用的重要因素,所以研究主动发光标志的产品经济性意义重大。本章应用价值工程理论,对 LED 主动发光交通标志的经济效益比进行分析,以期为主动发光标志的推广和普及提供参考和借鉴。

二、价值工程理论分析

2.1 价值工程理论

价值工程理论(Value Engineering,简称 VE),是通过对产品功能的分析,正确处理功能与成本之间的关系来节约资源、降低产品成本的一种有效方法。无论是新产品设计,还是老产品改进都离不开技术和经济的组合,价值工程正是抓住了这一关键,使产品的功能达到最佳状态,并且会使产品的结构更合理,从而提高企业和社会经济效益。

价值工程理论可以用数学公式表示为:

$$V = \frac{F}{C} \tag{1}$$

式中:V——价值;

F——功能;

C——成本。

价值 V:指对象具有的必要功能与取得该功能的总成本的比,即效用或功能与费用之比。功能 F:指产品或劳务的性能或用途,即所承担的职能,其实质是产品的使用价值。成本 C:指产品或劳务在全寿命周期内所花费的全部费用,是生产费用与使用费用之和。

提高价值的五种主要途径主要为：

1. 成本不变，功能提高（$F\uparrow/C\rightarrow = V\uparrow$）
2. 功能不变，成本下降（$F\rightarrow/C\downarrow = V\uparrow$）
3. 成本略有增加，功能大幅度提高（$F\uparrow 大/C\uparrow 小 = V\uparrow$）
4. 功能略有下降，成本大幅度下降（$F\downarrow 小/C\downarrow 大 = V\uparrow$）
5. 成本降低，功能提高（$F\uparrow/C\downarrow = V\uparrow 大$）

2.2 LED主动发光标志的成本效益比分析

2.2.1 生产成本

传统逆反射交通标志主要由标志底板和表面反光膜组成，其生产成本可以表示为：

$$C = C_{底} + C_{膜} \tag{2}$$

式中：$C_{底}$——标志底板的成本；

$C_{膜}$——表面反光膜的成本。

LED主动发光标志主要由标志底板、表面反光膜、发光元件（LED）、蓄电池（太阳能主动发光标志）和控制器组成、其生产成本可表示为：

$$C = C_{底} + C_{膜} + C_{元} + C_{控} + C_{蓄} \tag{3}$$

式中：$C_{底}$——标志底板的成本；

$C_{膜}$——表面反光膜的成本；

$C_{元}$——发光元件（LDE）的成本；

$C_{控}$——控制器的成本；

$C_{蓄}$——蓄电池的成本。

如为非太阳能主动发光标志可省略 $C_{蓄}$。

主动发光标志使用的反光膜不需要过高追求亮度级别，市场上广泛使用的Ⅵ类和Ⅲ类反光膜每平方米的价值差高达70~80元，和Ⅴ类的价格差高达250元左右，反光膜标志的等级分类见表1。国际市场上单晶硅和多晶硅板的制作工艺成熟，成本大幅下降。LED和蓄电池的价格也趋于稳定低廉使得太阳能主动发光标志虽然科技新但不昂贵，如果连接市电，主动发光标志的制造成本更加容易接受，但视认距离却是逆反射标志的2~4倍，大大提高了道路交通的安全性，减少了交通事故的发生率。且LED主动发光标志的使用寿命与反光膜标志相当，甚至更长。

反光膜标志等级分类 表1

类别	结　　构	名　　称	使用寿命/年	适　用　性
Ⅰ	棱镜埋入式玻璃珠型	工程级反光膜	7	永久性交通标志和作业区设施
Ⅱ	透镜埋入式玻璃珠型	超工程级反光膜	10	永久性交通标志和作业区设施
Ⅲ	密封胶囊式玻璃珠型	高强级反光膜	10	永久性交通标志和作业区设施
Ⅳ	微棱镜型	超强级反光膜	10	永久性交通标志、作业区设施和轮廓标
Ⅴ	微棱镜型	大角度反光膜	10	永久性交通标志、作业区设施和轮廓标
Ⅵ	微棱镜型,有金属镀层		3	轮廓标和交通柱,无金属镀层时也可用于作业区设施和字符较少的交通标志
Ⅶ	微棱镜型柔性材质		3	临时性交通标志和作业区设施

2.2.2 维护成本

主动发光标志需要维修和更换的元件主要发光二级管(LED)、蓄电池和控制器。在用市电的情况下,不需要维修和更换蓄电池。在长达十年以上的使用寿命中,维护更换零部件简单容易。

2.2.3 效益分析

主动发光技术提升了交通标志的视认性能,大大提高了交通安全性,对解决堵车问题和缓解不同道路之间的运输压力问题起到了很大作用,因此也节省了维护交通秩序的人力资源,节省了人们的运行时间,提高了社会生产效益,对于解决由于堵车而造成的噪声尾气等污染问题也有了很大提高。

在交通运输项目的效益中,道路交通标志所带来的效益主要是直接效益,即通过减少事故损失,提高交通安全的效益。提高的交通安全效益 B 可表示为:

$$B = P_{sh}(J_w - J_y)M \tag{4}$$

式中:B——提高交通安全的效益,万元;

P_{sh}——交通事故的平均损失费,万元/次;

J_w、J_y——无项目和有项目时的事故率,次/万车;

M——交通量,万车/日。

三、案例概算

3.1 以限速标志为例

现以 LED 主动发光限速标志为例,由进口 LED 发光器件和太阳能电池等部件组成,整体使用寿命 10 年,市场价格在 3000 元左右。将其安置在限速路段。经过实际路段的试验和驾驶模拟器试验验证,主动发光限速标志可以有效降低道路交通安全事故率,大幅度提高道路交通安全效益,预期可减少 60% 由于标志视认性不佳导致的交通事故。根据国家统计局统计[24],我国在2015年共发生187781起道路交通事故,死亡58022人,受伤199880人,万车死亡数为2.1人,带来的直接经济损失共103692万元,根据国家交通运输部统计[4],2015年全国国道网机动车年平均日交通量为15424辆,此交通量代表全国国道网平均每个路段的年平均日交通量。若将此交通量作为某国道公路特定路段的日交通量,则其安装主动发光限速标志后所提高的交通安全效益为:

$$B = P_{sh}(J_s - J_y)M$$
$$= \frac{103962}{187781} \times \left(0.6 \times 2.1 \times \frac{187781}{58022} \times 10^{-4}\right) \times 15424$$
$$= 3.48 \text{ 万元}$$

该国道特定路段在安装主动发光限速标志后,每天能节省因交通事故引起的损失高达3.48万元,每年能节省1270万元。

主动发光限速标志的市场价约为3000元。假设该路段需要设立40个限速标志,则总成本为12万元。那么该项目的价值工程(Value Engineering,简称VE)VE值为:

$$V = \frac{F}{C} = \frac{1270.2}{12} = 105.85$$

因此,根据($F\uparrow\uparrow/C\uparrow = V\uparrow$)可知,采用LED主动发光限速标志与采用反光膜标志相比,前者带来的价值要远远大于其高出的成本。从经济学的角度看,LED主动发光标志也是非常值得推广和普及的。

3.2 以高速公路出口为例

3.2.1 成本分析

以一段高速公路出口为例,计算LED主动发光标志的造价预算。假设该路段设置4个出口预告标志,2个出口确认标志,12个弯道诱导标志和8个智能可变禁令警告组合标志,各个标志的造价、杆件造价以及总造价如表2所示。

各标志造价预算表 表2

标志种类	规格(mm)	数量	标志造价(万元)	杆件造价(万元)	总造价(万元)
出口预告标志	3500×5000	4	33.6	60	93.6
出口确认标志	3000×4000	1	4.2	1	5.2
弯道诱导	600×800	12	3	0.6	3.6
智能可变禁令警告组合	S1100、S1200	4	1	0.2	1.2
总计			41.8	61.8	103.6

3.2.2 投资效益比分析

根据国家交通运输部统计[25],截至 2015 年,我国当前高速公路总里程 12.35 万公里,平均每 40 公里双向 2 个出口,共约 3088 个出口。总造价为:3088 出口×103.6 万元/出口=31.99 亿元。

高速公路交通事故死亡人数占总比约 9%,根据国家统计局统计[24],我国在 2015 年共发生 187781 起道路交通事故,死亡 58022 人,因此高速公路事故死亡人数约有 58022×9%=5222 人死亡。而高速公路出入口交通事故占高速公路交通事故 70% 以上,每年出口交通事故死亡约有 3655 人。

安装主动发光标志,对夜间及恶劣天气高速公路出口事故有显著作用,预测可减少出口交通事故及死亡至少 70%,按照每年减少 2559 人死亡,10 年正常使用寿命期内可减少 25590 人死亡。依据 100 万元/人计算,直接减少损失 255.9 亿元。而交通事故救援、伤害损失约为死亡损失的 3 倍。那么该项目的价值工程 VE 值为:

$$V = \frac{F}{C} = \frac{255.9 \times 3}{31.99} = 24.00$$

据此,该项目的价值工程 VE 值为 24 倍。因此在事故高发路段尤其是视认性不佳所引起的事故高发路段设立 LED 主动发光标志带来的社会效益与经济效益十分显著。

四、结论

LED 主动发光标志的发展与创新,对防止夜间及雨雪雾霾等恶劣天气条件下因道路交通标志视认特性不足、违规使用远光灯等原因造成交通安全事故有很大的帮助,在全寿命周期内使用成本相对较低,社会效益和经济效益均十分显著。而其所拥有的高亮度、高交通安全效益性及低能耗,使得 LED 主动发光标志推广前景广阔。

附件6

本书涉及技术标准、知识产权、质量认证情况

1. 技术标准

(1) 国家标准《LED主动发光道路交通标志》(GB/T 31446—2015)；

(2) 公共安全行业标准《道路交叉口发光警示柱》(GA/T 1246—2015)、《仿真警车警示装置》(GA/T 1247—2015)、《LED道路交通诱导可变信息标志》(GA/T 484—2010)；

(3) 中国安全产业协会团体标准《面板显示主动发光交通标志》(T/CSIA001—2018)；

(4) 公共安全行业标准《城市道路主动发光交通标志设置指南》(报批稿)；

(5) 公路交通行业标准《公路LED交通标志设置技术规程》(报批稿)；

(6) 住建部行业标准《城市地下道路交通标志标线设置规范》(报批稿)；

(7) 南京市地方标准《城市道路交通管理设施设置规范》；

(8) 济南市地方技术规范《济南城市道路交通安全和管理设施设置导则》；

(9) 西安市地方技术规范《西安市城市道路交通安全与管理设施设置导则》；

(10) 上饶市地方技术规范《上饶市城市道路交通安全与管理设施设置导则》；

(11) 威海市地方技术规范《威海市城市道路交通设施技术指南》；

(12) 珠海市地方技术规范《珠海市城市道路交通安全与管理设施设置导则》。

2. 发明专利

(1) ZL 2012 1 0323453.9 积水路段自动感应预警标志；

(2) ZL 2015 1 0266307.0 一种全透性发光道路标志；

(3) ZL 2016 1 0110267.5 一种可内部透光型微棱镜反光膜及其生产工艺方法；

(4) ZL 2015 1 0357421.4 一种导光型反光膜板及其制作方法。

3. 质量认证

(1) 中交(北京)交通产品认证中心出具 CCPC 质量认证证书；

(2) 国家交通安全设施质量监督检验中心出具批量抽样检测合格报告、老化试验报告，颁发《交通工程产品工厂检测合格证书》；

(3) 国家交通安全产品质量监督检测中心出具批量抽样检测合格报告。

后　记
——科研成果是产业升级的养分和种子

刘　干　孙建林　任明星

　　抓住全球工业文明发展机遇,在庞大的廉价劳动力基数、宝藏般的可开发自然资源支撑下,中国以城市为代表的基础设施建设速度足以令世界瞠目结舌。不可回避的是,加速度的基础建设总是有它的周期性。要保持长足的可持续经济增长,必然需要有新的生产力去创造新的高品质财富成果。

　　以制造业为主体的实体企业在社会经济与民生中无可替代的地位,已经成为共识。谈到实体企业,人们会很容易去联想、羡慕那些百年老字号、蜚声中外的品牌,他们能够在非常漫长的不同时期满足用户不断升级的优质产品和服务需求,其背后依赖的是创新与积累。产品做得出做得好,需要企业花精力花时间去研发技术,花掉的精力会获得人才,花掉的时间会获得经验。研发方面,产品自身性能与使用功能的匹配性研究,适合产品的原材料开发或选型,生产工艺与设备的研究与开发,环境应用的实验与改进,管理、技术、使用等等一系列规范标准的形成,通过检测、认证去保障质量的稳定可靠性,这如同一个非常长、且环环相扣的链条在周而复始传动的状态。并且研发的这个状态是有阶段性的,产品从期初开发立项到技术标准体系的形成,往往是失败最多、时间最漫长的过程,也注定是最为考验创业者和团队毅力的过程。在这个过程之后,还要面对一个可能更长久的让用户完全接受产品的过程,直至产品能够卖得出卖得好。

　　通过对技术研发与市场研究的分析,显然得出一个结论,做出好产品是一个持续投资与回报的轮回。没有投资,就不会有回报。如果一个初创型企业或项目团队想做出一个好产品好品牌,其所需的人力、资金、时间投入,注定艰巨。可以肯定地说,做出好产品好品牌的战略一旦制定,在团队初创的很长一个时间段,不会有经营利润的产出。实体企业要想在产品上做精做强,即便有再多的工匠和激情,也必然要面对技术研发与市场研究的客观规律,需要投资、需要探索、需要时间。在实体企业的市场平台基础上,依托于国家级研究机构和高校资源,建立新的平行于实体企业母体的研发运营机构,能够把"产学研用"形成合力为企业筑牢科技竞争力根基。

相较于创业而言,创新的风险更大。白手起家创业成功的故事比比皆是,而技术创新必须有一定的投资能力,并且必然要面对实验失败、再实验、再失败,技术创新的成就往往总是由一次次的失败积累而成。无数的国内国际大品牌背后故事,无不是在巨额的投资之下,倾注了技术开发者们毕生的心血。电影《我不是药神》热映之后,大量的文章曝光了研发出一款实用高效的新药,其背后是动辄数亿美金、数年时间的不争事实。在残酷的市场竞争与现实的生存面前,怀着科技报国的企业家,尤其是势单力薄的民营企业家们,往往并不能够坚守到一个真正的金丹一样的好产品出炉,半途而废。其失败的不仅仅是企业资源,更是社会资源的无效耗费。

在中国经济向着新的高品质转型升级时期,必然要面对着多年来经济高速增长传导的品质低、能耗高、环境差等复杂多样性问题、多种矛盾。在过去四十年时间里,国人的住房从土坯茅草到砖瓦、再到钢混,种植从人力畜力到机耕、再到全面机械化,是一次又一次的技术创新给人们的生产生活带来了变革,曾经的社会关系、自然资源等矛盾在创新面前几乎瞬间消失。历史的发展规律已经告诉人们,创新是化解矛盾的法宝,更是进步的阶梯,聚焦创新无疑也是改革的高效催化剂。

发展新的生产力,充分调动多种生产资源要素,化解影响制约生产力环境发展的生产关系矛盾,这是经济社会发展的原则。在人类漫长的进化过程中,是文化和技术的进步在促进政治与经济,文化给了人们改变自己的思想,技术给了人们改变环境的工具。

在植物界,果实的产生的意义有两个,一是提供了养分;二是提供了种子。从这个意义上讲,科研的成果有异曲同工之妙,其本身的知识产权价值可以获得收益,应用到市场可以让企业获得更为持续的收益而生命长青。这个浅显的道理可以窥见,通过研发获取成果之于企业经营的法宝地位。而在规模化、信息化产业经济时代,一项科研成果的取得,除了人才、资本、时间之外,还需要多种学科技术的共同作用力,已经不是传统的企业研发部门可以做到。于是,平台级的新型研发机构应运而生,也注定成功到自然成。

江苏科创交通安全产业研究院就是这样诞生的,是南京赛康交通安全科技股份有限公司的团队在为一块交通标志倾注了长达10年的心血之间,发现了通过科研成果解决道路交通安全问题的金钥匙,于是又开启了道路交通管理的智慧之门—智慧交通建设的四个层级:

第一个层级，道路交通出行环境场景的科学设计。在中国快速机动化、城市化的建设期，交通工程学的理论没有落地，全中国都很难找到一个"科学设计"的道路交通出行环境场景，已经是一个客观事实的缺失。现在如果去补这个缺失，非常必要，但是很难补起来了。专家学者们在台上、网上讲的头头是道，但是在地上、路上干活的人找不到。怎么办？让我们看看第二个层级是什么。

第二个层级，道路交通全环境要素的身份信息数字化构建。在道路上运行的人、车、路，长期以来是不能形成相互联系的，依靠的是人的行为去判断、操作，存在不确定、不可控。尤其是道路设施、路侧设施，设施与设施相互之间都是孤岛的形式存在。美国把交通标志、标线、信号灯、护栏等设施称作交通控制设施，非常恰当的叫法。也由此可知，控制设施是管控人与车的行为，即是便利措施，也是干扰措施。为了让交通控制设施更加灵活、适用，可变车道标志应运而生。但是，大量的禁令、指示标志是呆滞的、孤立的，影响着交通流的调配。要想解决这个问题，需要把交通控制设施，以及其它道路基础设施，都进行身份信息数字化构建，建立信息联系通道。就象我们在用二代身份证、电子车牌识别，如果没有身份证、车牌，很难想象人脸识别技术、人工智能技术、重大会议活动的安全防控技术如何去实现。

我在带领团队去为一些城市构建道路交通设施身份信息数字化地时候，最为痛苦的是路径指引、渠化组织、设施设置等等，它们与实际的路网结构、通行负荷、出行状态是不匹配的，总不能够在不合理的、错误的、缺失的道路交通设施上去展开工作吧？！我们要知道，现在导航系统采集的路径指引信息，是要与道路上的标志标线保持一致的，否则系统播报与信息点位的情况就会不一致，让道路使用者茫然不知所措。也因此，原始的交通组织有问题，导航路径也就跟着有问题。长此以往下去，"导航堵"的明天就会是"智慧堵"，因为最基础、最底层的设计与路径没有做正确。

于是，我就带着团队，从编制《城市道路交通管理与安全设施设置导则》、从科学规划交通信息分层与路径指引、从精细化交通安全风险控制与组织设计做起，力争在正确的基础上去做"身份信息数字化构建"这件事。也借机希望能够弥补第一个层级的问题，同步做好。

第三个层级，可视、可感、可知、可控、可设计的智慧道路集成。有了第二个层级的支撑，它们有了生命，人、车、路就都可以被现代科技"工具"联系起来了，也可以融入更多的高清视频、环境感知、主动发光、可变标志等硬科技，道路就可以变得真正智慧。出行者在使用道路的过程中，能够全天候条件下（包括低能见度、恶劣天气）看得清环境设施，也能够与车辆共同感应到各种道路要素变化和风险信息。管理者在管理道路的过程中,能够远程知情交通运行中人、车、路、环境等全要素的工作状态,也能够去调度控制它们的行为和运行。最为重要的是,未来,道路设计者有望获得科学精准的交通工程设计方案自动化推送,不再需要人力去跑、去应付标准规范,不合理、缺失交通控制设施的现象也不再会有。

第四个层级,通过"数据大脑"的运行去研判、决策、调度道路交通系统中的多种要素。互联网公司们已经在做这件事,多年努力实现的互联网、高精电子地图、电子导航、电子支付等等技术,已经形成了一个庞大的大数据,这个数据进一步形成了新的"交通生态",于是他们就可以去运行交通管理的"数据大脑"。前面我讲到,把航空、铁路、城轨、公交、出租、旅游、停车等等这些大量动态交通流的数据都接入进来,再有第一、二、三层级的支撑,再有智能网联汽车开上路,"服务于出行"为本质的智慧交通就不再是难事了。因为,技术能够实现的,也已经能够实现,留给路径和时间就好了。

尾声:面对全中国每年数十万的道路交通事故生命伤亡,面对道路交通安全问题导致的万亿级财产损失,利用新技术时代新的生产工具去制造出新的科研成果,无疑是道路交通安全产业升级的养分和种子,终将结出更多的累累硕果。